U0688940

心。人生を意のままにする力

心。

稻盛和夫的一生嘱托

［日］稻盛和夫 著

曹寓刚　曹岫云 译

（口袋书）

人民邮电出版社

北京

图书在版编目（CIP）数据

心：稻盛和夫的一生嘱托 / （日）稻盛和夫著；曹寓刚，曹岫云译. -- 北京：人民邮电出版社，2020.11
ISBN 978-7-115-54946-4

Ⅰ. ①心… Ⅱ. ①稻… ②曹… ③曹… Ⅲ. ①稻盛和夫(Kazuo, Inamori 1932-)—人生哲学 Ⅳ. ①K833.135.38②B821

中国版本图书馆CIP数据核字(2020)第181953号

◆ 著　[日]稻盛和夫
　　译　曹寓刚　曹岫云
　责任编辑　张渝涓
　责任印制　周昇亮
◆人民邮电出版社出版发行　　北京市丰台区成寿寺路 11 号
邮编 100164　电子邮件 315@ptpress.com.cn
网址 https://www.ptpress.com.cn
三河市中晟雅豪印务有限公司印刷
◆开本：880×1230　1/64
印张：4.375　　　　　　　　　　　2020 年 11 月第 1 版
字数：93 千字　　　　　　　　2024 年 12 月河北第 12 次印刷
著作权合同登记号　图字：01-2020-0522 号

定　价：59.00 元
读者服务热线：（010）67630125　印装质量热线：（010）81055316
反盗版热线：（010）81055315

广告经营许可证：京东市监广登字20170147号

目 录

057　第2章

动机良善

101 第3章

以强大心灵成就未来

137 第*4*章
贯彻正道

175　第 5 章

培育美好心根

中文版序

　　《心》这本书作为《活法》一书的续篇于2019 年在日本出版。作为前篇的《活法》很幸运，持续获得了众多读者的青睐，从 2004 年以来，在日本的发行量已超过 130 万册，成为长期畅销的图书。《活法》还以 15 种语言在世界上翻译出版。特别是在中国，其受欢迎的程度高过了日本，发行量现已超过 400 万册，成了真正的畅销书。

　　在《活法》这本书中，我表达了自己的人生观——人生的目的就是提高心性，磨炼灵魂。而在这一人生观的根底处有我的信念。就是说，人生中的成功也好、失败也好，所有一切，归根结底，要看我们能不能提高自己的心性，让它变得更纯粹、更美好。换句话说，要看我们能不能把自己的"利他之心"发挥出来。

　　这是在迄今为止的人生中，我自己体悟出来的实践哲学，它可以让我们的人生变得更加美好。我相信，这是不会随时代变迁而变化的真理。我想把这个问题的重要性告诉肩负下一时代使命的人们，以便让这个纷乱的社会变得更好一点。写《心》这本书，就是希望在这方面做一点贡献。我想，这么说不算过分吧。

这件事情对于中国诸位的重要性，同日本一样，甚至要超过日本。中国自改革开放以来，经济高速增长，现在作为毫无争议的世界第二经济体，作为引领国际社会的国家之一，存在感大大增强。

另一方面，在高速发展的同时，中国也遭遇了现代文明共有的诸多问题，比如环境问题和伦理道德问题。诸如此类的问题，是我们所有的现代人必须直面的社会的病患，没有可以轻易治愈的特效药。

但是，追究其病根，那就在于只要自己好就行的、不知餍足的利己之心。今后，为了让现代文明能够存续，抑制这种不好的利己之心、把价值观转换至以利他之心为本，这是非常必要的。

我衷心祈愿，在这个时代转换的时期，本书不仅能够帮助每一位中国朋友度过美好的人生，而且能为中国社会的协调发展助一臂之力。

最后，趁本书在中国发行之际，请允许我对为本书的出版竭尽努力的人民邮电出版社，以及北京智元微库文化发展有限公司的朋友们，再次表示由衷的感谢。

稲盛和夫

京瓷名誉会长

推荐序：稻盛心学

心在哪里

这个问题，在日本京都圆福寺禅修时，我问过那里的年轻的僧人。有人指着自己的胸，意思是里面的心脏就是心；有人指着自己的头，意思是里面的大脑就是心，或者说脑细胞产生的意识就是心。我又问圆福寺的方丈，他从上到下比画了一下，说心在全身，每个细胞里都有心。

后来我逮着一个机会，当面向稻盛先生请教"心在哪里"。稻盛先生不假思索，脱口而出："心是良心。"

当时，我一下子反应不过来，心想：我问您的是心在哪里，您却回答"心是良心"。这不是答非所问吗？

后来我细细咀嚼，才悟到稻盛先生讲到了点子上。再后来，我读到稻盛先生的一份演讲稿，里面写道：心在哪里？我也不知道，但心的本质就是真善美。

　　这时我才恍然大悟。既然心是良心，心的本质是真善美，那么，只要把心的这个本质特性发扬光大不就行了吗？像我这样钻牛角尖，硬要搞明白心在哪里，有什么意义呢？

　　因为语言习惯不同，稻盛先生讲"提高心"，我们翻译成"提高心性"；稻盛先生讲"净化心"，我们翻译成"净化心灵"；稻盛先生讲"心之样相"，我们翻译成"心态"。还有，我们有时用"心肠""心地""心绪"等来表达心，但日语往往只用一个"心"字。可见"心"的翻译就很微妙。

心有多重要

　　心在哪里，虽然看不见、摸不着、说不清，但因为心实在太重要了，所以人们总是搜索枯肠、绞尽脑汁，努力来描述和表达这个"心"。

随手拈来就有：开心、伤心、心花怒放、心急如焚、心旷神怡、心灰意冷、心猿意马……

还有：言为心声、境由心造、相由心生。本书所说"一切始于心，终于心"等，无非说明心有多么重要。

500多年前，中国有"阳明心学"；400多年前，日本有"石门心学"。稻盛先生虽说是科学家出身的企业家，但他终生追究的问题也是心的问题，所以有了今天《心》这本著作。写《心》这本书，是稻盛先生十余年的夙愿。

在企业经营中，稻盛先生提出"提高心性，拓展经营"的口号，贯彻"以心为本"的方针，这样的口号和方针是稻盛先生特有的语言，除了稻盛先生经营的企业，在日本，甚至在全世界的企业中，我都没听过有这样的提法、有这样先进的理念。不靠金钱刺激，超越经营战略战术的层次，在哲学的高度上，从提升全体员工的心性着手，把企业几万人的力量和智慧充分调动并发挥出来。在日航，稻盛先生就是这么干的。刚刚宣布破产重建的日航，在短短一年的时间内，业绩就从谷底飙升到顶峰，在全世界航空业内名列第一，且遥遥领先，十年来持续保持世界第一的高收益。仅此一例，就可见心有多重要。

什么是稻盛心学

稻盛先生"心之多重结构"的理论耐人寻味。心从里到外，由真我、灵魂、本能、感性、理性这五层组成。核心是真我，真我就是真善美，具体来说，包括坦诚心、上进心、谦虚心、反省心、感谢心、知足心、利他心、乐观心、勇猛心，等等。

与王阳明先生和石田梅岩先生不同，稻盛先生年轻时在科学技术方面就有许多发明创造，后来又成功经营京瓷、KDDI、日本航空三家大企业。搞科技创新，稻盛先生当然具备科学的思维方式；经营企业，更是需要高度的现实主义或叫唯物主义精神。但是，从年轻时起，稻盛先生就意识到，比起科学技术，比起经营战略等，人心才是最根本的问题。他提出并贯彻"以心为本"的方针，时时审视自己的心态，净化自己的心灵，同时洞察他人的心境，千方百计、殚精竭虑，努力把大家的心凝聚在一起。他甚至提出，人生的目的，归根结底，就是提高心性，除此之外，人生再无别的目的。

所谓提高心性，就是在工作和生活中实践真善美，时时事事让良心、让真我释放光彩。

如何提高心性

因为人心的本质是真善美，所以大家都向往真善美，但要把真善美付诸实践、持之以恒，却非常困难。为什么？因为从心的结构来看，人心中有本能的欲望，有感性的冲动，有理性的算计，还有灵魂的污垢。如何净化，如何抑制？需要日常的修行。如何修行？稻盛先生从切身经验中总结出六条，就是需要在六个方面做出努力，称为"六项精进"。

①"付出不亚于任何人的努力。"全身心投入工作，精益求精，从中获得乐趣，就能抑制怠惰之心。同时，聚精会神，专注于工作，私心杂念自然就会消退。这是最有效的修行。

②"要谦虚，不要骄傲。"努力工作获得了成就，特别是掌握权力以后，人就会傲慢起来，这简直是历史规律，连伟人也很难免俗。

因此，抑制傲慢心、保持谦虚就是一项很重要的修行。

③ "要每天反省。" 即使很勤奋，但人有时还是会偷懒；即使告诫自己要谦虚，但因为有小人奉承，人还是禁不住傲慢，有时还会发脾气。坚持每天反省，就不会让自己变得更坏。这条修行必不可缺。

④ "活着，就要感谢。" 人若认真反省，意识到自己的成就和进步得益于周围人的支持与帮助，就会生出感谢之心。另外，如果把挫折和灾难看成磨炼心志、增益能耐的机会，因而由衷地说一声 "谢谢" 并更加努力的话，就是非常卓越的修行。

⑤ "积善行，思利他。" 这项修行中要注意的是，"大善似无情，小善是大恶"。分清大善和小善，真正为他人好，真正利他，才是有效的修行。

⑥ "不要有感性的烦恼。" 实践上述五项，

烦恼就会大大减少。但人毕竟是烦恼的动物，特别是遭遇失败、打击和委屈时，难免痛苦烦恼。这时候，以理性抑制烦恼，把精力投向新的工作，就是很好的修行。

只要坚持这六项修行，心性就能提升，事业就能成功，人生就能幸福。

稻盛心学的核心是什么

从良心和真我引申出来，在心中树立一个明确的判断基准。这个基准用一句话讲，就是"作为人，何谓正确"。

换句话说，不是把利害得失，而是把是非善恶作为一切判断和行动的基准。

过去看《焦点访谈》节目，看那些腐败现象，真是无奇不有，看那些不法分子，真是无孔不入、无恶不作。就是因为当事人判断和行动的基准不是是非善恶，而是利害得失。

习惯性等待上级的明确指令，不能因势决策；保自己的乌纱，掂量个人的利害得失。人在这种心态之下，不但不能见微知著，及时发现问题和危险，还会有意无意地掩盖真相，打击在第一线说真话的人。如果说，平时这种做派尚不会酿成大害的话，那么，在特殊时期，就可能祸国殃民。

但如果我们学会了自我反省，学会了谦虚谨慎，特别是树立了用是非善恶判断事物的明确的基准，并付诸行动，大家都努力去共有这个基准，我们就能从根本上进步，就能立于不败之地，就能受到全世界的信任和尊敬。

扪心自问，不断进步

《心》这本书的日文版正式上市之前，日

方出版部门就给了我一本清样稿。我从头到尾一口气读完，感觉痛快淋漓，十分过瘾。在翻译、审译这本书的过程中，我的心更是被深深触动。我虽然翻译过稻盛先生的《活法》《干法》《阿米巴经营》等 20 本书，还为每本书写了推荐序，对稻盛先生的故事、语言、思想已经相当熟悉，也深受其影响，但是《心》这本书对我心灵的触动，可以说是前所未有的深刻。

让我触动深刻的，就是努力穿越灵魂、达至心灵深处的那个真我，对照这个真我，诚实地回顾过去，用以指导现在每一天的行动。人需要时时扪心自问。我已过古稀之年，有些不好的脾气、不好的习惯，得认真反省，马上改正，以免留下终生的遗憾。我就断然这么做了，因此感觉到自己还在进步。

人生的一切都始于心，终于心。感谢稻盛

先生的珍贵教导。另外，正因为智元微库文化发展有限公司的"催逼"，我才参与了本书的翻译，并写下这篇推荐序，让我自己的心性有了新的提升。对此，我也表示衷心的感谢。

曹岫云

稻盛和夫（北京）管理顾问有限公司

2020 年 3 月 13 日

译者导读：宇宙人生

在当今这个瞬息万变的商业社会，一切都在快速变化。甚至有人说，在这个时代，唯一不变的就是变化本身。佛教中所说的"无常"，在今天这个时代体现得淋漓尽致。

生活在这样一个时代，如同漂浮在现世这一波涛汹涌的汪洋大海之上，我们应该如何驾驭人生的小舟，驶向幸福的彼岸呢？当我们紧握双桨、拼命划动时，我们是否知道正确的方向在哪里？当我们随波逐流、听之任之时，我们是否知道前方或许正有凶险的漩涡在等待着我们？

在本书中，稻盛先生认为"相由心生，境随心转"，即我们人生中的一切事物都由我们的内心所塑造，内心的想法可以影响和改变我们周围的环境。稻盛先生年少时罹患肺结核的经历给了他这样的启示，之所以患上肺结核，与他当时的心态很有关系。这种启示实际上如同一颗休眠的种子一般，就此深藏于他的潜意识之中。

大学毕业后，稻盛先生进入松风工业，艰苦且糟糕的环境使他像其他人一样怨天尤人，苦闷彷徨。然而，无处可去的窘境最后令他下定决心改变自己的心态——既然无路可走，那就干脆洗心革面，全身心地投入工作吧。于是，休眠的种子在这种艰苦的环境中开始复苏、萌芽。

结果，命运由此开始逆转，一直以来都挫折不断的人生进入了前所未有的顺境。稻盛先生说："那绝不是因为我的能力提升了，也不是因为公司给了我优越的工作环境，仅仅是改变了思维方式，改变了自己的心态，我周围的境况便焕然一新。"他就此将年少时获得的启示铭刻于心，开始了探究心灵的人生之旅。

从根本而言，无论是人类整体还是个体，其生存状态都由两大因素决定。其一是存在于外部的客观环境，其二是存在于其内部的主观意识，也可以说是内心状态或思维方式，用稻盛先生的语言来说，就是我们秉持的是怎样的一颗"心"。

人类作为大自然的产物，其生存不可能摆脱对外界客观环境的依赖，因此，其主观意识或者说是思维方式，也就是稻盛先生所说的"心"，就必然需要反映客观真实，顺应客观环境的规律，符合客观环境的意志，否则，人类自身就无法在外界客观环境中顺利成长发展。这样的客观环境有很多种，从我们身边的家庭环境、工作环境、社会环境，到人类赖以生存的自然环境、地球环境，乃至当前人类认知的极限——宇宙环境，它们每时每刻都在对我们产生各种影响。

那么，外界客观环境的本质究竟是什么？它们的终极意志究竟是什么？人类整体和个体应该以怎样的主观意识、思维方式，或者说应该秉持怎样的一颗"心"，去观察和顺应这种环境，才能获得自身持续的、良性的成长发展并走向幸福呢？自古以来，人类就在不断探索这些问题，以求得更好的生存。

在本书中，稻盛先生试图对这些问题给出明确回答。他说："宇宙中存在着推动事物向着更好的方向不断成长发展的宇宙的意志。"

在这里，稻盛先生从哲学的角度创造性地、非常明确地构建了利他的宇宙观，提出了宇宙的本质就是"利他"，并用宇宙大爆炸的理论从科学的角度佐证自己这一观点。

这可以说是人类思想的一个独到的见解。自人类有文明史以来，有无数的思想家提出过各种学说，但真正能够确立宇宙观的思想家却寥若晨星。然而，纵观人类历史，能用如此简单明了的语言构筑体系完整、逻辑清晰的利他的宇宙观，进而引申出符合这种宇宙观的世界观、人生观和方法论，并将其付诸实践且取得了举世瞩目的商业成就的，恐怕也只有稻盛先生一人了。

确立了利他的宇宙观之后，构筑其上的利他的人生观就此得以自然延展，并且由于拥有了宇宙观的深厚根基而变得坚定而不可动摇。人类作为宇宙这个终极存在中的一分子，如何才能顺应这种终极存在的利他意志，获得幸福美好的人生呢？一旦确立了利他的宇宙观，答案就显而易见了。稻盛先生在本书的前言中写道："所以，当我们拥有帮助一切事物向着更好的方向前进的愿望，拥有帮助他人获得幸福的美好心灵时，就与'宇宙之心'产生了协调和共鸣，就能自然而然地将事物导向更好的方向。"

这实质上是"道破天机"的一句话，正是因为构建了这种利他的宇宙观，稻盛先生所倡导的利他的人生观不再停留在经验层面，不再仅仅是道德说教，而拥有了更为深广和牢固的哲学根基。

　　向好向善的愿望可以说人人都有，然而，如果没有深入本体论、宇宙观层面的信念乃至信仰，这种愿望就如同无根之木，在遇到困难和挫折时就会轻易动摇，人类趋利避害的本能就会凌驾于纯粹美好的真我之上，人就会迫于眼前的利害得失而做出错误的判断。因为这种发自本能而非真我的判断与宇宙利他的意志相矛盾，与宇宙利他的潮流相违背，所以无法帮助我们走向幸福。

　　当稻盛先生构建了利他的宇宙观，并将自己的人生观根植其上时，这种人生观就拥有了深厚的根基，就能够真正成为不可动摇的信念乃至信仰，就能产生超越一切现实困难和障碍、走向与宇宙的利他本质相"合一"的意志。中国古人所追求的"天人合一"的境界、稻盛先生在本书中提到的进入"无我"的状态，可以说指的都是这些内容。

　　事实上，稻盛先生的人生就是一个普通人

通过改"心"走向成贤成圣之路、收获圆满人生的范本。当他秉持一颗患得患失、自私自利之心时，人生就充满了挫折；当他偶然为外界环境所迫，不得不改变利己心态时，人生就出现了一抹亮色；当他从中获得感悟，开始主动驾驭自己的心灵，在利他的方向上努力思考和行动时，人生就进入了正向循环；当他思考透彻，构建起深至宇宙观层面的利他哲学体系时，不仅自己的人生无往而不利，堪称圆满，而且成为众多组织的领袖，帮助无数人走上了幸福的人生之路。

可以说，正是因为具备了深至宇宙观层面的信仰根基，稻盛先生对于构筑在其基础上的自己的人生观的信念才变得不可动摇。这种借助了宇宙力量的强大意志使他从普通人中超拔而出，具备了尼采所说的"超人"的属性。所以，即使在人生中遭遇了种种常人难以应对的艰难困苦和巨大挑战，他都能凭借自己坚定的信念乃至信仰，一路披荆斩棘，成就伟业，实现幸福。

稻盛先生认为，自己是世界上最幸福的人。他在其著作《思维方式》中如此总结道："这样的幸福人生来源于哪里呢？我认为，不管遭遇何种境况，都怀抱强烈的信念，把'作为人应该做的正确的事情'以正确的方式贯彻到底。不屈不挠地实践这一条，这才带来了我的幸福人生。"也就是说，稻盛先生认为，实现成功和幸福的唯一关键，就是用"作为人，何谓正确"这一判断基准去判断人生中的一切问题。

当我们从宇宙观的层面看待这个判断基准时就会发现，实质上其阐述的就是：人类整体和个体作为宇宙的产物，其所思所想、所作所为是否符合宇宙的利他意志，是否顺应了宇宙推动一切事物向更好的方向进化发展的潮流。如果符合了这种意志，顺应了这种潮流，个人的人生就会幸福美好，组织的未来就会基业长青，人类的文明就会繁荣昌盛。

本书各章的主要内容，可以说都是基于这一点的具体呈现。

第一章阐述的是要努力拥有一颗具备感谢、谦虚、勤奋等要素的美好心灵，因为这样的一颗心灵符合宇宙的利他意志，是构筑人生的基础，可以帮助我们感知宇宙的本质，克服种种困难，走向幸福。

第二章阐述的是动机、愿望和欲望的问题。即善意的动机和愿望符合宇宙的利他意志，是持续成功的根本条件。而欲望虽然是人类个体生存的基础，但如果其过度膨胀，即过于利己，个人的意志就无法与宇宙的意志相协调，人生就会走向衰败。

第三章阐述的是什么才是符合宇宙意志的强大心灵。首先，心中的愿望必须足够强烈，以符合宇宙成长发展的意志；其次，这种愿望必须足够纯粹，以符合宇宙保持和谐的意志。

第四章阐述的是应该如何贯彻正道。所谓正道，就是用"作为人，何谓正确"进行判断后得出的结论。一方面，这是符合宇宙利他意志的道路，能够帮助我们实现持续的良性发展；但另一方面，贯彻正道也意味着需要克服由自我和他人过度的本能与欲望所带来的阻力，意味着要克服重重困难。这个时候，如果能用发自心灵深处的真我进行判断，就意味着借助了宇宙的力量，这能帮助我们克服困难，走向成功和幸福。

第五章阐述的是成为合格的领导者的关键在于"心根"，就是拥有一颗符合宇宙意志的美好心灵，同时介绍了如何培育这样的一颗心。

佛教禅宗有"直指本心，见性成佛"的说法。在本书中，稻盛先生用极其直白的语言，阐述了人的本心、本心中所蕴含的"性"，以及这种"性"与宇宙之"性"的关系。稻盛先生认为，宇宙作为人类当前认知的极限，呈现出利他的本质和意志。人作为宇宙的产物，其心灵最深处存在着与宇宙本质完全相同的部分，也就是真我。当我们努力提高心性，摆脱过度的本能和欲望带来的干扰，努力用发自心灵深处的、与宇宙意志相一致的真我去做判断时，我们就能借助宇宙推动一切事物成长发展的伟大力量，走向成功和幸福。

第一次阅读此书时，我深切地感受到一种源自稻盛先生心灵最深处的、难以言表的巨大善意。有幸翻译此书，我意识到了这种善意的根源和本质，也更加深刻地理解了稻盛先生深至认识论、本体论和宇宙观层面的利他哲学体系。感谢人民邮电出版社为出版此书所做的努力，感谢盛和塾的各位同仁为实践和推动利他哲学所付出的努力，更要感谢稻盛塾长本人数十年如一日、了无私心的言传身教。衷心祝愿本书的每一位读者，都能通过本书追溯到利他哲学深至宇宙观层面的根源，从中获得自信和力量，克服生命中的困难和障碍，开拓自己幸福美好的人生。

曹寓刚

2020 年 2 月 6 日

于日本滋贺县大津市

前言

人生的一切都是
自己内心的投射

　　回顾迄今为止八十多载的人生，追忆超过半个世纪的经营者生涯，我现在想要告诉大家、想要留在这个世上的，基本上只有一件事情，这就是"一切成功都归结于利他之心"。

　　人生中所发生的一切事情，都是由自己的内心吸引而来的。犹如电影放映机将影像投映到屏幕上一样，内心描绘的景象，会在人生中如实再现。

　　这就是驱动这个世界的绝对法则，是推动

一切事物运行的真理，没有例外。[1] 所以，心中描绘什么？抱有怎样的思想？以何种态度对待人生？这些就是决定人生的最为重要的因素。这既不是纸上谈兵的唯心论，也不仅仅是人生说教。心灵塑造现实，心灵驱动现实。

心灵竟是如此重要！最初意识到这一点时，我还是个小学生。当时我患上了肺浸润，那是肺结核的初期症状。我被迫与疾病作斗争。对年幼的我而言，那种体验如同凝视黑暗的死亡深渊，感受异常强烈。

在我位于鹿儿岛的老家中，有两个叔父、一个叔母都死于肺结核，整个家族笼罩在结核病的阴影之中。我实在害怕被传染，所以每次经过患病卧床的叔父的小屋时，我都捏着鼻子飞跑过去。

---

[1] 这是稻盛先生基于自己八十多载人生经历的思考。

　　但我的父亲却不同，他已经下定决心，由自己一个人来照料患病的亲人。至于感染的风险，他毫不畏惧。他精心护理病人，舍身忘我。我的哥哥则认为，"哪有那么容易感染呢"，他根本不把这件事放在心上。

　　结果，父亲和哥哥都没被传染，只有我被病魔击倒了。死亡的威胁日益迫近，我惶恐不安，但也只能躺在病床上，终日闷闷不乐。

　　可能是看我可怜吧，当时住在隔壁的一位大婶借给我一本书。其中有这样的内容：

　　"所有的灾难都是由我们的内心吸引而来的，自己的内心不予呼唤的东西，绝不会来到我们身边。"

　　啊，原来如此啊！我恍然大悟。不怕患病、细心照料病人的父亲没有感染；对疾病毫不介意、若无其事的哥哥也没染上；只有一味恐惧、厌恶、躲避疾病的我，反而把疾病给招来了。[1]

一切都由"心"造——那时得到的这个教训，是一个重大的启示，与我后来的人生关系极大。不过，当时我还是一个年幼的孩子，对这件事情包含的意义，还没有充分理解。所以，我的人生并没有因此而很快地发生很大的改变。

在此之后，从少年时期到踏入社会，我的人生遭遇了一连串的挫折、苦恼和失意。小学考初中两次失败，高中毕业后也没能考上想考的大学，后来的就职考试也不顺利。为什么自己如此倒霉，干什么都不如意呢？在失望之余，我垂头丧气，每天都苦闷、郁闷。

这样的人生出现巨大的转变，是在我大学

---

[1] 传染病自然必须预防，但心态很重要，不必过于紧张。——编者注

毕业之后，那时我就职于京都的一家绝缘瓷瓶公司。

　　当时，由于经济萧条，就职非常困难。经大学老师的介绍，我总算进入了这家公司。但进去以后才知道，那是一家很糟糕的企业，经营困难，已经处在银行的托管之下。

　　同届入职的伙伴一个个接连离职，最后只剩下我一个人无处可去。"既然如此，那就彻底改变心态，努力投入工作吧。"我下了决心。

　　我拿定主意，不管环境如何恶劣，也要尽力把该做的工作做好。于是我全身心地投入研发工作中，甚至住进了实验室。

　　终于，研究开始取得成果，周围人对我的评价自然也就越来越好。我越发感到工作的乐趣，于是更加投入。这样一来，有意思的事情发生了：更好的成果又出现了。

　　进入这种良性循环后不久，我用自己独特的方法，成功合成了一种新型的精密陶瓷材料。当时，即使放眼全世界，那也是先驱性的技术。

那绝不是因为我的能力提升了，也不是因为公司给了我优越的工作环境。仅仅是改变了思维方式，改变了自己的心态，我周围的境况便焕然一新。

人生由心灵编织而成，发生在眼前的所有事情，都是由自己的内心吸引而来的——少年时感悟的这一法则，这时再次获得了确凿的体验。我将其作为贯穿人生的"真理"，深深地铭刻于心。

善意的动机引导
事业走向成功

从那以后，直到今天，我始终在自己的人生中对"心"不断探究，反复追问自己，什么才是心灵应有的状态。

人应该如何活？人应该持有怎样的心态？这两个问题意义相同。在心中描绘什么，决定了将会度过怎样的人生。

拥有纯洁美好的心灵，就能开拓与之相应的丰富、精彩的人生。

相反，只要自己好就行，心胸狭隘，甚至为了自己得利，不惜踹落别人，持有这类邪心的人，他们哪怕获得了一时的成功，最终必将没落。

不管怎么努力，不管多么辛苦，人生却总无转机。如果有人如此感叹，那么，他首先应将目光转向自己的内心，叩问自己是否拥有一颗正直的心。

其中，人所能拥有的最为崇高、最美丽的心就是关爱他人的善良之心，就是有时候牺牲自我也要为他人尽力之心。这样的心，用佛教的语言，就叫"利他之心"。

以利他为动机发起的行动，比起无此动机的行为，成功的概率更高，有时甚至会产生远超预期的惊人的成果。

不论是在开创事业时，还是在挑战新的工作时，我首先会思考：这是不是对世人有利？是不是利他的行为？凡是能够确信是基于利他、发自"善意的动机"的事业，最后无一例外，都能获得好的结果。

　　比如创办 KDDI 的前身第二电电[1]。当时虽说日本电子通信事业已经自由化，但要挑战垄断整个行业的巨型企业——日本电信电话公司（NTT），仍然是一件危险且鲁莽的事。

　　在事业开始前大约半年的时间里，每晚临睡时，我都会反复地、严肃地叩问自己的内心：参与通信事业，真的是出于善意、出于正确而纯粹的动机吗？不是为了自己获得名声吧？连一丝一毫的私心也没有吗？

　　"自己确实没有私心，动机良善。"直到毫不动摇地确信这一点时，我才决定参与通信事业。

　　当时，与另外两家同时举手报名的企业相比，人们认为第二电电处于绝对的不利地位。

---

[1] 第二电电（DDI）是稻盛先生于 1984 年创办的通信公司。2000 年 10 月，第二电电、国际电信电话（KDD）、日本移动通信（IDO）三家公司合并成立 KDDI。——编者注

但事业开始后，第二电电却始终在三家新公司中保持领先。

此后，我们和 KDD 及 IDO 实现了大联合，公司名称变更为 KDDI。KDDI 现在已经成为代表日本的通信企业之一，实现了高速成长。

此外，后来我应邀出任会长，重建破产的日本航空公司（JAL，以下简称"日航"），也是出于同样的动机。

当时的政府和企业再生支援机构提出要求后，我以年事已高，又是航空业的门外汉等理由多次婉拒。但是，在他们再三请求之下，我不得不思考：这项工作包含的社会意义是什么，我参与这项工作是否出于"善意的动机"。

最终，我意识到这项工作蕴含着三条重要的意义。

第一条是为了日本经济的重建。代表日本的航空公司破产，会对日本经济产生极其严重的负面影响。但反过来讲，如果重建成功，就能给整个社会带来巨大的信心。

　　第二条是为了留任的员工。如果重建失败导致二次破产，多达三万两千名员工就会失去工作。公司的重建同时意味着守护他们的生活。

　　第三条是为了国民的便利。如果日航消失，日本国内的大型航空公司将只剩下一家，那么，公正竞争的原理就难以发挥作用，就会导致运价上涨、服务水平降低，损害客户的利益。

　　日航的重建，确实是对社会有着重大意义的工作。"见义不为，无勇也"，出于这一想法，我决定接受请求，就任日航的会长。

　　然而，当时大部分社会舆论都非常悲观，认为无论由谁出手都不行，日航的二次破产无法避免。但是，我们干净利落地颠覆了这种预测。在着手改革的第一年，日航的业绩就迅速恢复，此后甚至还多次创造最高的盈利纪录。

　　在破产的两年半之后，日航成功实现了股票的再次上市。

"燃烧的斗魂"
同样产生于"善意的动机"

　　当然，不是只用"亲切的关爱之心"，一切就能顺利推进。想要成就某项事业，就必须具备不惧任何困难、果敢突进的强大意志，以及无论如何非达成目的不可的燃烧般的热情。

　　为了达到起于善意动机的事业目的，必须具备这种"燃烧的斗魂"。而正是因为根植于善良的利他之心，这种"燃烧的斗魂"才会变得坚定而不可动摇。

　　明治维新之所以获得成功，是因为勤王志士们举起了"大义的锦旗"，所谓"大义"，就是"为社会，为世人"的思想。不进行社会改革，日本就不能转变为近代国家，就会沦为欧美列强的殖民地。这种危机感以及志士们的气魄——舍弃私心的报国之心——成为激励他们的巨大能量，成就了明治维新的"回天大业"。

前面提到的第二电电，之所以能在开局不利的条件下取得巨大成就，就是因为全体员工都以"降低长途电话费用，为国民做贡献"为目的，团结一致，拼命努力。

在这个过程中，虽然我们面对着无数的困难，遭遇了巨大的阻碍，但我在这种时候不断激励员工们："现在，我们获得了百年难遇的良机，我们要感谢这种幸运。让我们把仅有一次的人生变得更有意义吧。"员工们响应我的号召，拼命努力地投入工作。

日航的重建过程也是如此。

比起自己的得失和欲望，员工们开始思考："对公司来说，什么才是重要的？"基于这种思考，他们自发地行动起来。企业重建的原动力，就是员工们的这种心态，就是他们始终怀抱的、毫不动摇的热情。

　　在出任日航的会长时，我向全体员工说了下面这段话：

　　"要成就新计划，关键只在于不屈不挠的一颗心。因此，必须抱定信念、志气高昂、坚韧不拔地干到底。"

　　这是哲学家中村天风[1]的名言，他在印度修行瑜伽时开悟。依据自己的思想和实践，中村在日本传授他的人生观和人生态度。这段话也是京瓷在高速成长期提出的口号。这次我把这段话介绍给了日航的全体员工。

　　这段话中重要的是"志气高昂"这个词。正因为有了志气高昂的美好心灵做根基，才能

―――――――――――

[1] 日本著名哲学家中村天风年轻时脾气暴躁、胆大包天，曾被人蛊惑，参与过日俄战争，做军事间谍，后彻底改变心性，开始修行，并致力于瑜伽思想和实践在日本的传播。——编者注

产生抱定信念、坚韧不拔干到底的决心。要把一件事情做彻底，必须具备无论如何非达到目的不可的强烈愿望，具备克服一切困难、勇往直前、不可动摇的意志。在这一基础之上，相关人员团结一致，付出最大的努力，事情就能成功。而这一切的根基就是美好的利他之心。

不管想做成什么事情，不管面对怎样的命运，只要我们活着，目标就应该是培育一颗为他人着想、为他人努力的"善良之心"。我们可以用"真善美"这三个字来表达，也可以称之为纯粹而美好的心灵。

"心"的最深处与宇宙相通

以纯粹、美好的利他之心去成就事业时，为什么事物都会往好的方向发展，命运也会出现好转呢？其中的原因，我是这样思考的。

在人心的深处，存在着被称为"灵魂"的东西。在人心的更深处，在可以称之为核心的部分，存在着"真我"。"真我"是心灵最为纯粹、最为美好的部分。

在禅修时，随着修行的次第不断深入，据说修行者能达到一种无法言说的、精妙的意识状态。[1]那是一种清净纯粹的"至福"[2]境界，充满了极致的喜悦。应该说，那才是"真我"。

平时，在我们"真我"的外侧，重重包裹着"知性""感性""本能"等心灵的不同层次。但是，每个人心灵的最深处，都拥有无上纯粹、美好的"真我"。利他之心、亲切美好的关爱之心，都是这个"真我"发挥作用的结果。

我认为，这个"真我"，和创造宇宙万物的"宇宙之心"完全是同一个东西。

佛教认为，森罗万象都蕴含着佛性。就像自古以来各种宗教所阐述的那样，这个世界上的一切事物，都相当于"宇宙之心"这个"唯

---

[1]对佛教及禅修等的个人体悟，是形成"一切成功都归结于利他之心"及培育"利他""至善之心"等观点的重要基础。——编者注

[2]意为极致的幸福。——译者注

一的存在”所呈现的种种不同形态。

　　就是说，当达至人心最深处的“真我”时，就到达了与可被视为万物根源的“宇宙之心”相同的地方。

　　因此，“真我”所发出的“利他之心”，拥有改变现实的力量，自然就能唤来好运，把事情引向成功。

　　宇宙中有一种意志在发挥作用，它引导一切事物走向幸福，它促进一切事物不断成长发展。只要回溯宇宙生成、发展的历史，我们就能非常清晰地明白这个道理。

　　宇宙原本只是一团基本粒子，后来经过大爆炸产生了原子，原子相互结合产生分子，分子又相互结合产生高分子，高分子进一步构成DNA而形成生物，生物又不断进化，变成高等生物。

　　宇宙停留在基本粒子团块的阶段应该没什么问题。即使在生物产生后，停留在原始生物阶段也应该没有什么问题。然而，宇宙并不是这样的。

宇宙中的一切事物都永不停歇地朝着更好的方向进化发展。有人说"宇宙中遍布爱"，也可以说宇宙中充满推动一切事物进化发展的"气"。

我认为人心中的愿望，也可以用"气"来表达。所以，当我们拥有帮助一切事物向着更好的方向前进的愿望，拥有帮助他人获得幸福的美好心灵时，就与"宇宙之心"产生了和谐共鸣，就能自然而然地将事物导向更好的方向。

人生的目的是磨炼心性，
为他人尽力

　　我前面所讲述的人生真理虽然很深奥，但只要能理解这个真理，就能明白我们为什么会活在这个世上、为什么而度过自己的人生，就能明白其中所蕴含的意义。

　　人生的目的，首先就是磨炼心性，换句话说，人生最重要的目的就是磨炼灵魂。

　　我们往往容易执着于追求财富、地位和名誉等，每天都为了满足自己的欲望而四处奔走。但是，这些既不是人生的目的，也不是人生的目标。

　　通过一生的历练，灵魂是否比出生时更美好一点，人格有没有略微提升了一点，这远比获取名利重要得多。因此，认真投入每天的工作，坚持不懈地拼命努力。在这个过程中，心性自然得到磨炼，人格自然获得提升，灵魂自然会成长得更加美好。这就是我们人生的首要意义。

还有，如果再要举一个人生目的，那就是为社会、为世人尽力，也就是以利他之心处世。

尽力抑制自身的欲望，以亲切的关爱之心为他人尽力。这也可以说是上天赐予我们生命的重要意义。

尽力磨炼心性和为他人尽力，这两者互为一体，不可分割。为他人尽力，自己的心灵才能得到磨炼。同时，正因为具备美好的心灵，才能为社会、为世人尽力。

反省自己的思想，反省自己的行为举止，由此尽力抑制利己心，抑制充满欲望的那个恶的我，让那个充满利他心和关爱之心的、善的我呈现。

这样的努力可以磨炼灵魂、提高心性，也可以陶冶情操，让人生变得更为丰富、美好。

不论是谁，只要降生到这个世界上，就拥有实现幸福的权力。不仅如此，我甚至认为，实现幸福还是我们每个人活在世上应尽的义务。

以美好的利他之心为社会、为世人倾注力量时，我们的人性就能得到磨炼，幸福感和充实感就会降临，我们的人生就有了更深的意义和更大的价值。

人生由"心"开始，到"心"终结。这就是我在八十多年的人生中证得的至上智慧，也是度过美好人生的究竟秘诀。

在本书中，有关"心"的问题，我将直言不讳地阐述我当下的思考。并且，我希望将此作为赠言，留给下一代的领导者们。

如果这能够成为精神食粮，帮助大家满怀希望地、积极地面对明天，为大家度过美好人生助一臂之力，我将感到无上的幸福。

第 *1* 章

构筑人生的基础

度过美好人生的单纯智慧

从降生人世，到生命终结，无论对谁而言，人生旅程都是一出波澜万丈的戏剧。

其中既有充满荣光、极尽欢喜的时光，也有遭遇苦难、咬牙忍受的日子。

我们应该怎样度过这样的人生呢？在现世这片波涛汹涌的大海之上，我们应该如何划动人生的小舟向前行呢？

这其实是一个极为单纯的问题。人生中发生的一切事情，全都是由我们自己的心灵吸引过来、塑造出来的。正因如此，面对眼前发生的事情，抱什么想法、以怎样的心态去对待，人生将因此发生巨大变化。

创建松下电器[1]的松下幸之助先生，由于幼年时父亲投机米市失败并破产，不得不在上小学时就辍学当了学徒，从孩提时代开始，就吃尽了苦头。

然而，在这样的命运面前，他毫不气馁，为了让雇主高兴，他一心一意，拼命工作。松下先生这种忠诚老实、乐观开朗的心灵，就是构筑日后松下繁荣事业的基础。

和松下先生一样当学徒的孩子，当时恐怕有很多吧。其中可能有很多孩子会埋怨自己的境遇，妒忌别人，憎恨社会。这种孩子不可能取得松下先生那样卓越的成就。

不管遭遇怎样的苦难，都要坦然接受自己的命运和境遇，在忍耐的同时，以积极乐观的心态持续不断地拼命努力。这样的人才能不断

---

[1] Panasonic 公司，原名松下电器产业公司。——编者注

开拓自己的人生。

现状越艰苦，人就越容易发牢骚、鸣不平，怨天尤人。

但是，这些牢骚、不满兜兜转转，又会回到自己身上，导致自己的境遇进一步恶化。

前面也讲过，我自己从少年时期到步入社会，饱尝了种种不幸与挫折，那是一段在苦难和逆境中度过的人生。

在我对自己的境遇充满牢骚、抱怨的时候，没有一件事情的进展是顺利的。但是，从我开始坦然接受命运，下定决心全身心投入工作的那一瞬间，人生就从逆风变成了顺风。

后来回忆起来我才意识到，我少年时代的人生看上去似乎沾染了不幸的色彩，但实际上，这只是上天赐予我的精彩人生的前奏而已。

如果我的人生一帆风顺，完全没有经历挫折和艰辛，我就不会去努力磨炼自己的心灵，我恐怕会成为一个不懂得体谅和同情他人的人。

　　不管眼前的状况多么严酷，既不能怨恨，也不能屈服，而是要一以贯之地积极应对，这才是实现幸福人生的秘诀。

不管好还是坏，都要感谢

在这种时候，重要的是，不管面对何种境况，都要以"感谢之心"去面对。

遭遇灾难、陷入困境、结果不如人意，这时候要说一声感谢确实很难。如果人格没有得到相当程度的磨炼，我们往往就会口出怨言："为什么偏偏让我遭此不幸。"我们会怨天尤人，满腹怨恨。

另一方面，好运连连，什么事都称心如意，这时候应该能说感谢了吧？但这也往往做不到。撞好运，遇好事，那是我应得的，是"理所当然"的。甚至有的人还不满意，认为"还不够，还要更多"。贪得无厌，这就是一些人的本性。

就是说，不管遇到好事还是坏事，要抱感谢之心同样都很困难。

不管现在多么一帆风顺，这种情况不可能永远持续。我们不能沉溺于顺境而骄傲自满，必须始终用谦虚的态度，对自己的行为进行严格约束，不可忘记感谢之心。

在直面灾难、苦难、不幸状况的时候，其实正是表达感谢的绝好机会。为什么这么说呢？因为这种严酷的环境、严峻的局面，能够锻炼我们的心志，磨炼我们的灵魂。

所以，不要悲叹，不要怨恨，不要总是愤愤不平，要对灾难、苦难和不幸说"谢谢"。用积极的态度接受一切，并加以感谢，抱着乐观的心态不断向前。

为此，"无论何时何事，都要表达感谢"，必须用理性将这个道理铭刻于心。在心里做好准备，让"谢谢"随时都能脱口而出。

经过长期宗教或精神修行的人，或许自然

而然就养成了感谢一切的习惯。但是，我们这些未经修行的人，必须强迫自己心怀感谢，做到这种程度，对我们来说才是刚刚好。

这虽然是一个很单纯的人生秘诀，但没有任何人来教我们。学校不会传授给学生，父母恐怕也教不了孩子。为什么呢？因为头脑里知道这种生活态度的重要性、能在人生中真正加以贯彻的人，确实凤毛麟角。

无论拥有多么高深的知识，无论具备多么卓越的才能，仅仅因为不懂得这一简单的秘诀，从而浪费了自己人生的人，何其多也。

拥有了成功的事业，获得了显赫的名声，这样的人却干起了营私舞弊的勾当，引发了丑闻，毁掉了一步步积累的人生成就。这样的事情我们时有耳闻。

对于上述最重要的人生道理，这些人虽然知道，但没能将其变成自己的"血肉"，没能付诸实践。

乐于感谢，能消"恶业"[1]

　　无论何时何事，都以感谢之心应对——这其中实际上隐含着极其重要的意义。

　　这是因为，某种灾难降临时，既可能消去一直折磨自己的"业"，也可能唤来新的灾难。而起决定性作用的，就是应对灾难时的那一颗心。

　　心中描绘的景象会成为现实。佛教用"思念造业"这个词来表达。就是说，心中所思，

---

[1]本节引用佛教中的"消业"概念，让大家积极面对和处理困难，然后"跨出新的一步"。——编者注

会成为业，即成为"原因"，原因制造出现实
这个"结果"。这种"原因与结果"交织而
成的法则，在这个世界上俨然存在并发挥着
作用。

佛教认为，造业的并不只有思念，行动也
会造业。这个业一定会作为现象显现。过去在
不知不觉中说出口的话，或是偶然做出的行
为，都会成为业，在某个时候，这个业会变成
灾难，降临到我们头上。

在遭遇灾难时，我们会手忙脚乱、惊慌失
措、痛苦挣扎。所以我们都希望尽可能避免灾
难。但是，不管想了多少好事、做了多少好
事，过去所造的业在作为现象显现出来之前，
是不会消失的。

而当灾难到来时，如果我们的心态不对，
就可能唤来更大的灾难。避免这一点的方法就
是"愉快"地接受灾难。

如果受了伤，就要想："啊，还好，只受

了这么点伤就完事了，没有惨到身体都动弹不了。"如果生了病，要感到高兴："就这点病，动个手术就能治好，真幸运。"

灾难发生，意味着消业。大的灾难能够消业自不必说，即使是很小的灾难，也能消业，所以应该高兴。即使心里不这么想（即高兴不起来），也要使用理性让自己高兴起来。这很重要。

只要能够感到高兴，自然就能够心怀感谢。不管遇到什么灾难，都能高兴，都能感谢，那么，过去所造的业就会消失殆尽。

遭遇灾难时要感到高兴。给予我这个珍贵教诲的，是我的人生导师——原临济宗妙心寺派管长西片担雪法师。我在许多事情上，都曾向他请教。

以前，京瓷在没有获得许可的情况下，制造和提供了医疗用的人工膝关节。这件事，媒体曾广泛报道，并对京瓷展开了激烈的批判。

　　这事是有原因的。当时我们获得了制造和销售人工股骨关节的许可。医疗界又向我们提出制造膝关节的强烈请求，而且他们是急需。在他们的催促之下，我们制造了膝关节。尽管有这个背景，但我对此不做任何辩解，只是反复道歉谢罪。

　　京瓷总部门前，接连几天布满成排的摄像机，电视上多次播放我低头谢罪的镜头。我身心俱疲，于是前往法师处请求指点。

　　法师像往常一样沏好了茶，仔细聆听我的倾诉。然后对我说："很好啊，灾难降临之际，也就是过去造的业消失之时。遭受这么一点批判就能消业，所以必须庆祝一番啊。"

　　一心想着法师肯定会安慰我，没想到法师竟然这样说，我觉得他这话未免冷漠无情。

　　但是，仔细咀嚼了这段话，我觉得我的心灵被治愈了，深感慰藉。

　　活着从来不遭遇灾难的人不存在，灾难会

在意想不到的时候、以意想不到的形式袭来。

　　这种时候，不能意气消沉，不能堕入绝望的深渊。"这么一点事就能消掉过去的业"，要为此高兴，并予以感谢，然后跨出新的一步。可以说，这是度过人生这一严酷旅程的"秘诀中的秘诀"。

脱口而出的"感谢的语言"

我们任何人本来就不可能独自生存。如果没有空气、水和粮食，我们一天也活不了；如果没有家人、工作伙伴和社会，个人也难以维持正常的生活。

周围的一切都在支撑和帮助我们，让我们得以生存——如果这么想，那么，我们只要活着，就必须感谢。

一直以来，我们能够自由地生活，能够天天精神饱满，这绝不是理所当然的事情。

"谢谢"这个词，意思是"难得拥有的"[1]，也就是"难得发生的事情居然发生了"。我们

---

[1]日语中的"谢谢"包含"有难"两个汉字。——译者注

活在世上所经历的事情，其实全都是"难得拥有的"事情。

如果能深刻领会这个意思，感谢之心就会油然而生。只要能向自己周围的一切说出"谢谢"这句话，人生就能变得更加幸福美好。

在迄今为止的人生旅途中，每逢应该表达感谢的场合，我不由自主、脱口而出的一句话就是"南曼，南曼，谢谢"。

"南曼"是"南无阿弥陀佛"的方言发音。在遥远的幼年时期，父亲曾带我前往"隐蔽念佛"的地方，这句话是我在那里学会的。

所谓隐蔽念佛，是在江户时代萨摩藩的禁令之下，忠于信仰的人们所坚守的一种宗教仪式。直到我幼年时期，这种仪式都作为一种风俗保留了下来。

当时，父亲牵着我的手，走在日落后阴暗的山路上。我们好不容易才到达山林深处的一处简陋小屋，小屋中传出僧人对着佛坛低声诵经的声音。

我们也坐了下来。诵经完毕，僧人督促参加者一个个地到佛坛前叩拜。我学着父亲的样子，双手合十祈愿。那僧人用安慰的口吻对我说："今天大老远地从鹿儿岛市内过来，不容易吧。"

然后他继续说道："孩子，你今天来参拜，已得到佛的认可了，今后你就不用再来了。但是从今往后，每一天你都必须念诵'南曼，南曼，谢谢'这句话，向佛表达感谢之意。"

从那以后，在将近八十年的时间里，在各种时候，比如，在早上洗脸时，在一种莫名的、美妙的幸福感突如其来时，或者在品尝到美味食物时，诸如此类的情景下，我耳边都会响起"南曼，南曼，谢谢"这句话，我也会喃喃自语，重复这句表达祈祷的话。

这句话被埋入了我的心田，成为我人生的巨大财富。始终怀抱感谢之心，随时将"谢

谢"说出口，在我幼小时，那位僧人教给了我
这两件事的重要性。

　　我并没有特别的才能，年轻时还饱受挫
折。像我这样的人，居然在企业经营领域有了
一定的成就，可能就是因为我理解了这句话，
并时时将感谢之意挂在嘴边。

心怀感谢，困难成为财富

　　如果缺乏对他人的谦卑之意，感谢之心是无法萌生的。自己之所以有今天，是长期以来许多人帮助支持的结果。公司之所以能够存续，是依靠员工辛勤的劳动，还多亏那些下订单的客户。正因为有这样的谦卑之意，感谢之心才能油然而生。

　　前面曾提到松下幸之助先生创立的松下电器。京瓷从京都一家小小的街道工厂起步，最初得到的订单，就来自松下集团中的一家公司。

　　我们把松下集团内的公司都亲切地叫作"松下先生"，开始了与他们的商业往来。

　　京瓷当时是一家位置偏僻、毫不起眼的街道工厂，几乎没有任何知名度，能从松下集团得到订单，实在难能可贵。但另一方面，无论交期还是品质方面的要求，订单中都有十分严格的规定，除此之外，还有价格方面的要求，对方每年都有苛刻的降价要求，要满足这些要求，我们必须做出非同寻常的努力。

　　当时，同样从"松下先生"那里获得零部件订单的同行中，有些人总是愤愤不平，一味抱怨松下"欺负供应商"。

　　他们的这种心情当然可以理解，但我首先想到，"松下先生"每年都能照常给我们下订单，而且，正是他们提出的苛刻条件锻炼了我们。想到这些，就不能忘记对"松下先生"表示感谢，我这样告诫自己。

　　即便是要求苛刻的订单，只要对"松下先生"有利，我们就二话不说，依对方的价格照单全收。为了在这种条件下挤出利润，我们绞尽脑汁，拼命努力。而此后不久，京瓷进入美国市场，从当时蓬勃发展的美国半导体公司获得了订单。这时候，京瓷的产品同当地同行相比，不仅品质远远超越，而且价格特别低廉。

苛刻的要求接二连三，为了满足这些要求，京瓷拼命创新开发，由此孕育出超越行业水准的卓越的产品，并保证了良好的收益。

意识到这一点时，我从心底升起了对"松下先生"的感谢之情："感谢您锻炼了我们。"

而当时同行业中那些一味发牢骚、愤愤不平的企业，现在很多都已经消失了。

消极应对眼前的境遇和状况，满腹牢骚，满口怨言，这样的态度不可取。有对方的帮助，才有今天的自己。态度谦虚，常怀感谢之心。能不能做到这一点，此后的命运将大相径庭。

谦虚是幸福人生的护身符

　　培育感谢之心的源泉，度过美好人生的根本，就是谦虚之心。

　　我自己已经淡忘了，但一位与我共事数十年的干部告诉我，我年轻时经常会讲"谦虚是护身符"这样的话。抱有谦虚之心，就能远离灾难，如同有了人生的护身符一样。我想表达的大概就是这样的意思。

　　对他人自不必说，就是对自己、对自己所处的环境，在任何时候也都不能忘却谦虚之心，并要时时告诫自己保持谦虚。这是很重要的。

　　事情进展稍显顺利，加上周围人的吹捧，

内心就会动摇，如同断了线的风筝一样，到处乱飞，这就是一些人的本性。

如果这种情况持续，我们在不知不觉中就会变得傲慢，对别人也会采取蛮横无理的态度。让人生误入歧途的元凶，并不一定是失败和挫折，而往往是成功和赞美。

创办京瓷，经营上了轨道，有了相当的利润。当时我也想过："公司有了这么高的收益，但我的年薪却这么低，不是太亏了吗？"

靠我的才能创建了公司，创造利润也是凭了我的才干，因此就是拿现在几倍的年薪也无可厚非吧。我心中冒出这样的念头。

但是，我很快就意识到了自己正在变得傲慢的那颗心。我进行了深刻的自我诫勉。这件事我至今仍记忆犹新，因为我做了下面一番思考。

自己拥有的才能和能力，绝不是自己的私有物，那不过是偶然被赐予的。这种才能和能力，如果不为我所有，也很正常。我所扮演的角色，由其他人来承担，也丝毫没有不可思议之处。

因此，这种才能和能力，不可以只为自己所用，而应该为世人、为社会所用。我开始这样思考。

为什么说能力、才华不能只归自己所有呢？不限于人类，假设拿走一切生物之所以成为生物的属性——肉体、精神、意识、知觉等，剩下的只有"只能被称为'存在'的东西"。

以这个"存在"为核心，形成了所有的生命，而这个"存在之核"就是一切生命共有的东西，它有时呈现为花的形式，有时扮演人的角色。

就是说，"存在之核"以外的东西，即我们平时坚信是属于自己的那些东西，比如肉体和心灵、思考和感情，或是金钱、地位和名誉，乃至能力和才能等，所有这一切都不过是借来之物，都是被赐予的附属品。

这么思考的话，"这是我的东西""那个成功是我的功劳"这类想法，就变得毫无根据，毫无实体依托。意识到这一点后，骄傲自大就会自然消失，谦虚之心就会自然而生。

那些我们认定是自己的东西，不过是现世一时寄存在我们这里的东西，其真实的所有者，我们根本不得而知。

正因如此，我们不应将其用于自身，而必须将其用于社会、用于世人。而当这一世的生命终点来临时，我们应该毫不留恋地将这些寄存之物归还给上天。

在生活和工作中抱这样的想法，骄傲自大就会在心中消失，内心就会充满感谢和谦虚。

轻易成就难事的
"美好心灵"之力

　　始终心怀感谢，谦虚律己，同时，不忘对他人施以关爱和善意。这样的心态就是吸引美好现实的原因。

　　英国思想家詹姆斯·埃伦在其著作《原因与结果法则》一书中，做了以下论述：

　　"有一种倾向，（中略）不管是眼前的目标，还是人生的目的，心灵纯洁的人总是远比心灵肮脏的人更容易达成。心灵肮脏的人因为害怕失败而不敢涉足的领域，心灵纯洁的人随意踏入就轻易获胜。"

　　在我们身边，也有一些人，虽然头脑并不聪明，也说不上有多能干，但是，他们以纯粹的动机发起挑战，不懈努力，持之以恒，顺利完成了大家都认为难以完成的工作。我们应该看到过这样的人吧。

一方面，以清澈的心灵描绘的愿望，成功实现的概率很高，而且这个成功容易持续。也就是说，不管是在工作中还是在经营中，幸运经常会光顾，幸运会连续不断。

另一方面，才华出众的人绞尽脑汁制订了缜密的计划，却不能顺利推进。不管多好的计划，如果其动机源于邪念，那么即使获得一时的成功，这种成功也无法持续。

那么，净化心灵、美化心灵的最好的方法是什么呢？那就是全力以赴、全神贯注地投身于眼前应做的工作。

全身心投入工作时，怨恨他人、憎恶他人的杂念就不会浮现。犹如禅僧坐禅一般，当下的心灵会变得纯洁、美好。

禅僧的修行并不仅仅是坐禅，还包括每天

的斋饭制作、洒扫清洁，或是从事耕作，种植自己所需的食粮。由此可知，不仅安静打坐是修行，上述每天做的杂事，也都是为了开悟所做的修行。

释迦牟尼开解过"六波罗蜜"这个通往开悟的修行法门，其中有"精进"这一条。讲的是无论做什么事情都拼命投入，持续努力。释迦牟尼说过，这就是磨炼心灵的修行。

为了磨炼心灵，我们没有必要特地去坐禅，没有必要居深山、击瀑布。只要将全副精力投入眼前的工作，在当下这个瞬间极度认真、极度专注，就是任何方法都无法替代的精神修行。

我听过一位木匠和大学哲学老师的对话，这位木匠从事庙宇神社的修建工作长达数十年。他们的对话让我深受启发。

那位师傅小学毕业后就当了木工，从事庙宇神社的修建工作，后来成为工匠，成了木匠们的"头儿"。他将自己的整个人生，全都奉献给了这项事业。他的谈话内容精彩，耐人寻味，丝毫不逊色于专业的哲学家。

数十年间，这位匠人与树木相对，与树木交流，活用其经验和心得，为修造卓越的建筑倾注精力，一心一意。这种行为本身，就是在提升人格。

就像这样，全力以赴，把眼前的工作做好、做完美，这就是最好的心灵修行。通过每天的劳动，心灵自然得以磨炼，性情自然得以陶冶。

埋头工作就能
触及"宇宙真理"

　　埋头工作获得的收获不止于此。每天全身心地投入工作，心灵就能得到净化。我认为，当心灵处于纯粹状态时，人就能触及所谓的"宇宙真理"，也就是触及事物的本质。

　　我把"Philosophy"作为做工作、度过人生的指针。所谓 Philosophy 就是"哲学"的意思，它就是指导我们设定目标、采取行动的思维方式，它也是我们的行为规范。

　　从京瓷开始，凡是在我参与经营的企业中，我要求全体员工都拥有相同的"哲学"，每年都努力将其铭刻于心，要求大家都根据哲学做出判断、采取行动。

如果要问这个哲学是如何产生的，答案就是：这个哲学同样产生于埋头工作之中，产生于心灵净化的过程之中。

在创办京瓷之前，我在京都一家绝缘瓷瓶公司从事新型陶瓷的研究工作，这在前面已经讲过。那是一家很糟糕的企业，经营连续亏损、工资拖延发放已经司空见惯，研究设备也很缺乏。

邮电

但在当时，除了在既定的条件下投入新型陶瓷的研究开发工作，我别无出路。于是我就全身心地投入了眼前的这项研究工作。

当我这样全神贯注地投入工作时，杂念从心中消失了，我甚至接近了"无我"的状态。就如同修行僧在坐禅中到达了"无"的境界，思想中的杂念从头脑中被清除，心灵进入了纯净状态。

当心灵处于清澈纯粹的状态时，就会突然冒出不知来自何处的"智慧的语言"，也就是好的想法、好的思维方式。

　　为了获得卓越的成果，应该怎么做才好呢？应该抱着怎样的心态面对每天的工作呢？似乎是在回应我心中的疑问和烦恼，作为答案的智慧的语言在心中闪现。

　　这样产生的各种各样的想法和思考，我都记在了实验用的笔记本上，这成了我的习惯。

　　从研究者变成经营者以后，我的这个习惯也没有改变。我把每天在工作中获得的体会，包括思考和语言，都记录在笔记本上。

　　这些从技术员时代开始记录的笔记内容多样，成为后来被称为"京瓷哲学"的企业哲学的原型，支撑着京瓷公司的成长与发展。

　　自那时起，半个多世纪以来，就我而言，哲学就是在企业经营这片汪洋大海上航行的海图，就是在人生道路上指示正确方向的指南针。追根溯源，哲学也是"美好心灵"的产物。

第 2 章

动机良善

为什么只有
"纸袋行商"获得了成功

前面讲过，从少年时代起，经历青年时代，一直到踏入社会，我做什么事情都不顺利，我的人生是挫折和失望的连续：小学考初中两次没考上、患肺结核卧病在床、高中考大学失利，此后的就职也很不如意。

但是，有一件事情却极其顺利，令人吃惊，宛如穿过乌云的一束阳光。那就是我高中时代所从事的"纸袋行商"。

我们家从第二次世界大战（以下简称"二战"）前开始就以印刷业为生。在战争即将结束时，家宅和工厂都在空袭中被烧毁。以前一直辛勤工作的父亲，因失去房屋而失魂落魄。

母亲卖掉自己的和服等物品，辛苦筹措，支撑贫困的家庭，养活家人。

即使在那种境况下，上高中的我依然无忧无虑，放学后只顾着和同学们去空地玩棒球。看到我这个样子，母亲发火了，有一天她这样对我说：

"你跟那些和你玩的同学不一样，我们家境不宽裕。上了高中，你还只顾着玩耍……"

看到母亲悲伤的表情，我大受刺激，决心"帮扶家计，守护家人"，并向父亲提出制造和销售纸袋的建议。

以前，我们家经营印刷作坊，同时，也做纸袋。父亲用菜刀一样的大型刀具把一大叠纸一下子裁断。周围受雇的阿姨们将裁好的纸张折叠，涂上糨糊。

我想起年幼时看到的这种光景，就请求父亲再次制作纸袋，由我外出销售。

平日里是放学后，周日则是从早到晚一整

天，我将父亲制作的大小十几种纸袋装进大竹筐里，放在自行车的后架上，沿街叫卖。

最初，客户是街边的甜品店，我随意兜圈子，走到哪儿算哪儿。后来自己开动脑筋，将鹿儿岛市内分成七个区域，以一周为单位，按顺序走动。另外，我还将纸袋放在批发店里，委托他们代销，他们卖掉多少，我就收多少钱。如此这般，我想了许多点子。

不久，别的点心批发店也纷纷下单。父亲和我忙不过来，甚至还雇人帮忙。而且，据说由于我们的纸袋在市场上畅销，当时从福冈来的纸袋商竟然撤退了。

作为一个完全外行的高中生所从事的买卖，这称得上是很大的成功了。这可以说是我作为经营者的原点，是珍贵的体验。

那个时期，其他所有的事情都不顺利，唯有纸袋生意获得了成功，这是为什么呢？多年后我回顾当时的情况，思考成功的理由时，忽然悟到了一个道理。

　　其他的事情，几乎全都是为了自己：满足自己的欲望、自我保护，或者是希望获得别人的好评。与此相反，只有纸袋行商出于帮扶家计、守护家人的目的，是从"关爱他人"出发的行为。就是说，其中蕴含着"善意的动机"。

在利他的地基之上，
建立成功的大厦

　　如果动机是善意的，事情自然就会朝好的方向发展；如果动机是利己的，或者是邪恶的，那么不管多么努力，事情都无法顺利推进。

　　在风险企业的创业者中，以获得财富、博取名声为目的而开创事业的人不在少数。

　　但是，如果企业经营的"引擎"仅仅置于追求经营者的私利私欲、功名心或名誉心之上，那么，即使能获得一时的成功，企业也终究无法长期发展壮大。

　　所谓动机，也可以说是推动事物前进时的"地基"，有了不可动摇的牢固地基，就能在其上建立宏伟的建筑。相反，如果地基不牢靠，却想建造豪华的房屋，那是无法成功的。因此，如果动机不纯，凡事都无法顺利推进。

京瓷创建之初提出的经营动机是：把我个人的技术发扬光大。

让我开发的精密陶瓷技术广为人知，并用这个技术制造优良的产品，这曾是京瓷公司的使命和存在的意义。

换句话说，创办京瓷公司，是为了实现我作为技术人员的个人梦想。

但是，创业第三年的某天，发生了一件事，让我不得不重新思考公司存在的意义。

十余名上一年刚录用的高中毕业的员工，突然来到我的办公桌前，排成一列，递上一纸"要求书"，态度强硬。

其中罗列了加薪、奖金额度等待遇改善以及未来保障等要求。他们说："如果不答应这些要求，我们就全体辞职。"

　　成立不久的公司，没有什么实力，对他们的要求不可能照单全收。而且，对无法兑现的事情做出承诺，是不诚实的行为。

　　我把他们带回我当时的住所，那是只有三小间的市营住宅。我拼命说服他们，经过三天三夜的促膝长谈，最后，他们总算全都理解了我的想法，接受了我的意见。但是，那一夜我却失眠了。

　　"所谓企业经营，难道是这样的吗？我竟然走上了这条艰苦的道路！"我心里既迷惑又后悔。

　　前面讲过，我出生长大的鹿儿岛老家以及父亲经营的印刷作坊，都在"二战"临近结束时遭空袭被炸毁了。战后，母亲靠着变卖和服等手段，让七个孩子吃上了饭。

　　在这样的家庭中，只有我一个人提出"非分"的要求，让家人花钱把我送进了大学。因为这个缘故，参加工作后，我一直往老家寄钱，从未间断。

　　连自己的家庭都照顾不过来，怎么还要照顾没有任何血缘关系的员工、保障他们将来的生活呢？这样一想，我甚至有了后悔的念头："早知如此，当初就不办公司了。"

　　但是，经过彻底思考，我得出一个结论。公司的存在，不是为了实现自己的个人抱负，而是为了守护员工的生活，给他们带来幸福的人生。这才是公司的使命，这才是企业经营的意义。悟到这一点，下定这个决心时，我如释重负，犹如拨云见日一般，心中透亮了起来。于是，我心思一转，确定了公司的使命：追求全体员工物质和精神两方面的幸福。

首先为身边的人
做力所能及的事

　　这一系列事情成为契机，让我完全放下了创业之初所怀抱的个人动机，将京瓷的存在意义从"利己"转变为"利他"。可以说，那就是我作为经营者重生的瞬间。

　　如果我坚持以前的理念——公司的存在是为了将自己的技术发扬光大，京瓷恐怕就不会有今天这样巨大的成长发展了。

　　京瓷后来的急速成长，就建立在"追求全体员工的幸福"这一坚实的利他基础之上。

　　公司首先就是为了在其中工作的员工而存在的。企业经营的目的，就是实现全体员工的幸福。这是企业经营中最为根本的利他精神之所在，用这样的理念去经营企业，就能与员工产生共鸣，获得他们的认同，他们就会不惜一切努力予以协助。

讲到"利他之心"时，如果一下子上升到"为了国家""为了社会"等宏伟高尚的理念，那么从公司一般员工的角度来看，那就成了与自己无关的"他人的事情"。这样的话，就无法点燃他们的热情，他们就不会不遗余力、拼命工作。

"利他"这个词的意思本来就很简单。"有利于他人"，就是先人后己，把"为自己"放后面，优先"为他人"。比如，思考为了邻居可以做些什么，尽己所能做一些关爱对方的事情。利他就是这么简单的事情，绝不是什么需要大张旗鼓的行为。

如果有家庭，首先就要做一些让家人幸福的事情。如果在工作，就要为职场同事、为客户做力所能及的事。此外，还要尽可能为自己所在的街道和地区做有益的贡献。

只要有利于他人，不管事情多么细小，都是利他的行为，在利他的行为中萌生的利他心，像花朵一样绽放，由此，再向着人最高尚、最美好的行为进一步扩展。

在我自己的人生中，说到最早的利他行为，我就想起小学时代，我作为孩子王，带着几个小伙伴到处玩耍的事情。

放学回家，扔下书包，到处玩耍。母亲总是为我们这群顽皮的孩子准备好点心——满满一锅蒸好的红薯，这在当时算是奢侈的美食了。

一看到热气腾腾的美味红薯，忍不住就要伸手。但我硬是忍住这种冲动，先分给小伙伴们，再把剩下的留给自己。

现在想来，那就是作为孩子王的我，当时所能做的最大的利他行为了。

他人优先，将自己放在后面，这是做人的

朴素而单纯的行为。而这种微小的行为，对于我而言，就是利他心的萌芽。

利他的行为会让自己受益

抱利他之心，行利他之事，命运自然就会好转。宇宙中俨然存在这样的因果法则。

这个法则还可以用下面的语言来描述。

宇宙中吹拂着利他之风。只要扬起巨大的风帆，借助这阵利他之风，人生之舟就能驶入美好命运的潮流，就能被导向幸福的方向。

这时，接受这阵风的风帆就是利他之心。用亲切的关爱之心做事，人就能充分借到利他之风，人生之舟就能动力十足，朝着幸福和成功前进。

在企业经营的世界里，当我们强调"利他之心很重要"时，我们一定会听到批评和反驳的声音：在严酷的商业社会里，靠"利他"、靠"关爱之心"之类的东西，能经营好企业吗？

然而，正因为是在炽烈竞争的商业世界，所以"体谅他人之心"，也就是利他之心，才特别重要。

这是因为，以利他之心发起的行动，早晚会结出善果，并返回自己身上。

在三十多年前有这么一件事，当时，京瓷出手救助了一家陷入经营困境的风险企业。

那是一家生产、销售车载对讲机的企业。车载对讲机在当时很流行。正好那时美国掀起了无线通信的热潮，趁着这股势头，这家企业在短短几年内实现了迅速成长。

但是，当这股热潮退去之后，这家雇用了几千名员工的企业立刻就陷入了困境。于是，经人介绍，他们请求我的帮助。

京瓷与这家公司合并以后我才知道，这家

公司中有一个思想偏激的工会组织。[1]

工会成员们不好好工作，把热情都倾注在"工人运动"上。他们多次态度强硬地提出不合理的要求。因为他们要求的内容都极不符合常理，所以我一概拒绝。

自己的主张通不过，他们很愤怒。于是他们开车结队，来到京都，在街头展开宣传活动。

他们在京瓷公司和我家周边张贴传单，污蔑京瓷公司和我个人；他们开着宣传车通过京都的主要街道，用高音喇叭对我诽谤中伤。这种情况持续了好几年。

但是，对他们的这些行为，我并没有采取对抗措施，我把心血倾注在这家合并公司的重

---

[1] 此处提到的日本企业中的工会组织，跟国内企业的工会性质是不同的。——编者注

建事业上。

　　一直到这些人离开公司为止，经过了长达七八年的时间。在这期间，我们蒙受的损失和困扰难以估量。然而，我不吐一句怨言，不发一声牢骚，只是一心一意为员工，拼命提升企业效益。

　　这样做的结果是，这项亏损的事业终于开始盈利，员工们在工作中充满了自豪感。这家公司后来成了京瓷机器制造事业的一部分，发挥了重要的作用。

　　十几年后，京瓷又吸收合并了一家濒临倒闭的复印机公司，它成了京瓷的子公司，于是京瓷帮助它重建。承担重建工作的核心人物，就是我们当年煞费苦心、努力重建的那家风险企业的原厂长。

　　他成为这家子公司的首任社长，在就职致辞中，他说：

　　"我曾经是被救助的一方，现在站到了救

助别人的位置上。我禁不住产生这种感觉，命运是多么不可思议啊！"

这家复印机公司从那以后业绩大幅提升，作为京瓷集团的一员，为集团做出了很大的贡献。

曾经，尽管我拯救了一家企业，却因为一部分过激的员工而大吃苦头。但我没有因此而气馁，而是为了员工，一心行善，拼命努力，最后因缘际会，好的结果又回到了我身上。

不与心术不正的人交往

从我自己的经验来说，不管是在商业方面，还是在人生的其他方面，可以明言：凡是依据"让对方受益"这一基准所做的判断，都获得了成功。

但很多人会有这样的想法：

"优先思考对方的利益当然很好，但如果对方心术不正，我们应该如何是好呢？只要踏入社会，就会遇到很多心怀恶意的人，你用'利他之心'待他，他却变着法儿把你当作他的猎物。"

有这种担忧的人恐怕很多吧。从某种意义上说，他们的意见可能是对的。但我还是认为，就连心怀恶意的人，也都是由我们自己的心灵吸引而来的。

过去，曾有许多人前来诉苦，要求我帮他们出主意。有人还哭诉说："遇到了那么坏的人，倒了那么大的霉。"但仔细追问前因后果，就会发现，此人与他说的坏人半斤八两，他对别人也做过类似的坏事。

所以，我这样对他说："你说什么呢？你自己不也做了同样的坏事吗？正因为你平时心里尽想坏事，所以才把坏人坏事招了过来。"

"心不唤物，物不至"这一法则在这里同样适用。身边出现了居心叵测、欺骗别人的人，是因为自己和这种人有同样的心灵。如果认真磨炼灵魂，心灵变得清澈美好，那么，我们周围人的心灵也同样会变得美好。

如果做不到这一点，那就必须承认，自己心灵的修行还远远不够。

话虽然这么说，但心术不正的人真的出现

了，该怎么办呢？最好的办法是远离他，不与他发生关系。如果交往后对他心生疑虑，那就找个理由不再与他见面。如果他想加害于我们，那就坚决断绝关系，一概不再与之交往。

最不应该的是，针对对方的所作所为，我方也考虑这样或那样的对策，为了损害对方而玩弄阴谋诡计。一旦我们这么做了，我们自己的心灵也会变得与对方一样肮脏，堕落到与他们同样的水准。

经营企业时，有人甜言蜜语，介绍一些似乎可以轻松赚大钱的项目；有人道貌岸然，目的是利用别人，欺骗别人。这样的人层出不穷。如果我们的内心被欲望蒙蔽，很快就会跌入他们设下的陷阱。

所以，悦耳动听的赚钱建议、投人所好的商业项目，每当有人向我进言，我都视其为"恶魔的耳语"，不理不睬。警惕被这种人玷污自己的心灵。

同样，对于我认真投入的事业，有人无端批判，有人拖后腿。对于这些人，我的态度也一样：不加理睬。

当日航的重建工作进展超出预料、开始获得较大成果时，我听见的不仅仅是称赞和祝福，还有莫名其妙的批判和诽谤中伤。此外，我还看到过内容与事实不相符的报道。

但是，我命令周围的干部和相关人员，对那些恶意的声音，一概不去听，不把它们当回事。因为如果有反驳那些诽谤中伤者、要战胜他们的想法时，我们自己的心灵也就被玷污了。

毫无根据地中伤他人的那些人，我们只要置之不理，相应的报应自然会落到他们头上。

即使这种人靠近我们，只要我们不去附和他们，也不去对抗他们，他们不久就会静静地离去。

只有善用能力，
才能充分发挥

在心灵的深处，存在着"灵魂"，应该说，这是我们存在的本源。在灵魂的深处，存在着无比美好、无比纯粹的"真我"。这在前面已经说过。

所谓真我，可以说就是关爱他人、为他人尽力的"利他之心"。但是，存在于我们灵魂中的，并不是只有真我。

只要自己好就行，哪怕排挤别人也要让自己获益、让自己幸福，这样的"利己之心"也存在于我们的灵魂之中。相对于"真我"，我们可以将其称作"自我"。

就是说，我们人类的心灵中，同时存在着

相反的、相互斗争的真我和自我，即"利他之心"和"利己之心"。

只顾自己的自我，是本能性的东西，也是我们生存所需的欲望。没有它，人就根本无法生存。

虽然程度上有差异，但我们不得不具备本能的欲望和"利己之心"，这就是人的天性。

而我们凡人能做的，就是尽可能降低自我，即"利己之心"所占的比例；尽可能增加真我，即"利他之心"所占的比例。而这正是磨炼心性，也就是提升人格的过程。

讲到这里，我想起了山下泰裕先生。他是1984 年洛杉矶奥运会柔道项目的金牌获得者。在日本柔道界乃至体育界，他是一个领袖式的人物。山下先生自孩提时代起，身材就特别高大，是一个力量充沛的活泼少年。据说他常因调皮捣蛋受到老师的训斥。

由于太过调皮，父母很担心，便让他练习

柔道，希望通过体育活动消耗他多余的精力。柔道这种运动，只要在规则允许的范围内，不管动作多么剧烈，都不会受到指责。

少年山下因此如鱼得水，他迅速提升自己的运动才能，其人格也得以快速提升。

多年以后回顾这个过程时，山下先生述怀道："日本现代柔道的创始者嘉纳治五郎先生讲过'精力善用'这句话，我的父母可能就是用这句话，确定了我人生的方向。我将这句话换成'能力善用''热情善用'，直到现在，我都在用这话不断勉励自己。"

所谓"善用"，就是基于"利他之心"使用自己的能力。究竟是基于"利己之心"（也就是只顾自己的动机），还是基于"利他之心"（也就是为他人尽力的动机）去使用自己的能力，其结果会有天壤之别。拥有的能力越杰出，情况越是如此。

杰出的能力或精力是一把双刃剑，如果将

其用在正当的方向上，可以让人实现正确的、巨大的成长；如果将其用在错误的方向上，就会使人误入歧途。同样的力量，是善用还是恶用，将使这个人的价值发生很大的变化。

消灭太过庞大事物的、
宇宙的另一种力量

　　在经营企业时，动机如果仅仅基于欲望或金钱，那么不管企业一时获得多大的成长，这种成长都无法持续。

　　为什么会这样呢？我认为，这是宇宙中的两大力量发生作用的结果。

　　前面已经阐述过，宇宙的大原则在于成长发展。宇宙中充满能量，这些能量一刻不停地推动一切事物进化发展。

　　但实际上，宇宙中还存在着另一种巨大的力量，这就是保持和谐的力量。为什么会这样呢？因为如果所有事物都只有成长发展，就会出现太过庞大的事物，使整体的平衡无法维持。

如果事物变得太过庞大，它们就会在保持和谐的这一力量的推动下走向崩溃。这也是宇宙中俨然存在的法则。

例如，地球上最初繁茂的蕨类植物，由于过于繁茂，结果衰退了。恐龙也是一样，它们曾一度遍布整个地球，却由于气候环境的变化而灭绝了。

纵观世界历史，那些盛极一时、不断扩张领土，变得太过庞大的国家和民族，此后或是衰退或是灭亡，这类例子不胜枚举。

急剧膨胀、变得太过庞大的事物，在其成长达至顶峰时，保持和谐的宇宙潮流就一定会让它们走向崩溃和衰退。然后，这种宇宙潮流会修正轨道，让那些事物回到应有的、规模适当的状态。

不管个人还是企业，凡是遵循成长发展的

法则、拼命努力者，自然就能得到发展。所以，拼命努力工作，就能实现大的成长。这一点毫无疑问。

但是，如果忘却谦虚，"欲"令智昏，盲目扩大，那么平衡就会被打破。太过庞大的事物，在宇宙保持和谐的法则下，就会自行崩溃。

不管个人还是企业，一时风生水起，发展惊人，以迅猛势头走上了成功之路，却以某个时间为界，转向衰落之路。这种情况之所以经常出现，其实就是因为宇宙这一机制在发挥作用。

扩张和成长到了最后就会破灭，为了避免这种情况，在成长的同时，保持和谐就非常重要。

保持和谐，对企业而言，首先就要努力追求员工的幸福。这一点基本实现以后，就要将贡献的对象扩展到客户和供应商，扩展到当地社会，最终竭尽努力，谋求社会整体的幸福。

为此，必不可缺的就是"亲切的关爱之心"，也就是利他的精神。

只要以利他精神为根基，不忘谦虚，不忘和谐，努力成长，那么，宇宙就一定会给予援助，成功和发展就能持续。

大自然教给我们
"知足"的生存方式

　　在保持和谐的同时成长，这种生存方式的好榜样，我们在自然界里就可以找到。

　　弱肉强食据说是自然界的法则，然而，哪怕是百兽之王狮子，在一次捕猎成功、填饱肚子之后，在一周左右的时间里，即使猎物就在身旁，它们也不会发起袭击。因为狮子本能地知道，如果贪得无厌，为了满足欲望而肆意捕杀，那么猎物减少就会危及自己的生存。

　　京都大学的灵长类研究学者伊谷纯一郎先生告诉我这样的事情：一般认为黑猩猩是草食动物，但有时候它们也会袭击牛羊等大型哺乳动物。因为动物性蛋白质营养高，味道好，所以整个族群都会兴高采烈地一起享用。

既然是这样高价值的食物，那么经常捕猎动物不是很好吗？但黑猩猩不这么做。捕猎的频率虽然不确定，但仅仅是"偶尔"而已。据说它们捕食只是为了补充生存必需的那部分营养，因此，它们不会过度捕食，不会贪得无厌。

听到这个故事的时候，我感受到自然界中存在着人类世界所没有的"节制"。为了生存，动物需要做出最低限度的努力，但是，让欲望过度增加，动物中绝对没有这样的行为。它们都具备"知足"的本能。

此外，伊谷先生还跟我说过这样的事情。

在非洲调查时，他看到当地人的村落用所谓烧荒农业的方法种植芋头等农作物。在焚烧森林开辟农田的烧荒农业模式下，当地人在一处地上耕作收获不能超过两三年，如果连续耕作更长时间，土地就会失去养分。

　　所以，据说，在一块土地耕作两三年后，他们会在下一块土地上继续烧荒造田，播种并收获。连续耕作两三年后，他们再移动到下一块土地上，如此周而复始。

　　但是，他们不会把烧荒的区域无限扩大，比如轮作过十块土地之后，他们又会回到最初的那块土地。因为到了那时，最初烧荒的那块土地已经积蓄了足够的营养，森林也重新繁茂了起来。

　　有一次，伊谷先生他们再度来到每年都要访问的村落。平常，村里人都会用丰盛的食物招待客人，但这次他们却不好意思地说："今年食物很欠缺。"

　　询问原因才知道，这一年，多国的调查队来访，村子里每次都拿出好吃的款待大家，结果自己的口粮却不够了。伊谷先生觉得过意不去，将带来的食物分了些给他们。这时，他心中浮现了一个问题，并直接问了出来：

"如果食物不足，多烧荒，多耕作不就行了吗？"

村落的长老回答说："那是神不允许的。"

他们知道，如果无限制地放火烧林，就会破坏大自然的再生能力，那就等于给自己套上绞索。在原始环境中生存的人们，明白"知足"这一自我节制的道理。

减少欲望，
构筑以关爱为基础的文明

西乡隆盛触怒藩主后被流放到南方遥远的小岛上。在岛上，他给当地孩子教授学问时，有一个孩子问道："一家人如何才能和睦相处？"对于这个问题，西乡是这样回答的：

"大家各自减少一点欲望就行。"

比如，有好吃的，不能一个人独占，而是和大家分享；遇到高兴的事情，和大家分享快乐；遇到悲伤的事情，大家一起悲伤，相互安慰，相互支持。不懂西乡这句话，就无法建立和睦的家庭。

西乡还用"爱己者，不善之最也"这句

话，有力地摒弃爱己之心。人的过错、傲慢、事业失败，都是过分的爱己之心生出的弊端。

爱己之心、私心、利己这些对于自我的执着才是人类欲望的真实面目。所以，能减少多少这类欲望，就能从心中除去多少自我，真我所占的比例才能相应扩大。

到目前为止，经济是以欲望和利己为杠杆发展的。但到了今天，环境污染、贫富差距等弊病日益突显，这是迄今为止无法解决的问题不断堆积的结果。今天，人类所构筑的文明，已经走到了一个重大的转折关头。

拿粮食这个问题来说吧。地球这个星球上，如果所有人都放开肚皮吃饭，那么粮食能够持续供应吗？这是一个很大的疑问。

能源问题也一样。随着欲望的增长，能源的使用量不断攀升。明知这样下去会导致毁灭，人类依然任凭贪欲不断膨胀。这就是人类的另一面。

　　时至今日，我们或许已经到了这样的时期，即必须再次学习并掌握"知足"这一思维方式。

　　如果说迄今为止以科学技术为基础的文明是以"还要更多"这种利己的欲望为原动力，获得了进步发展的话，那么，从今往后的文明就应该转变为让他人更幸福、让社会整体更好的，以利他为基础的文明。

上天赐予的
财富和才能要回馈社会

　　基于利他之心生活，就是祈愿他人好，就是为社会、为世人尽心尽力。我认为，这才是做人最崇高的行为。基于这样的人生观，我开始将自己拥有的财富回馈给社会。创办稻盛财团，设立京都奖就是这样的举措。

　　京瓷股票成功上市，我获得了出乎意料的巨大财富，这让我颇感困惑。我开始认识到，财产绝不是我个人的私有物，不过是社会暂时委托我保管的东西而已。

　　那个时候，我有幸获得了一个奖项，是颁发给为技术开发做出贡献的人的奖项，受奖时我突然意识到：我不应该是获奖者，而更应该是颁奖者。

以此为契机，我创设了京都奖，准备将自己意外获得的财富尽量回馈给社会。

获取利益或财富需要用正当的方法，同样，使用它们也要有正确的方法。从正确的为人之道出发，最好的"散财之道"是什么呢？就是将通过企业经营获得的财富用在自己以外的、"为了社会，为了世人"的方面，将财富再次回馈给社会。

出于这样的思考，我用自己的私有财产设立了稻盛财团，以财团的基金为基础，开始了京都奖的运营。

京都奖的颁奖对象为尖端科学、基础科学和思想艺术三个领域中的杰出人才。这是因为我认为，在科学技术进步的同时，人类精神层面的进化也非常重要。这两者可以说是人类文化、文明的表和里，抑或说是阴和阳。只有这两个方面平衡进步，才称得上是人类真正的进化。

值得感谢的是，创立之后，经过 35 年的发展，京都奖成为能与诺贝尔奖媲美的、被广泛认知的国际性表彰事业。

同样，作为经营者，一路走来，我积累的经验也应该回馈社会，为此，作为道场，我创办了"盛和塾"。35 年来，我不断向年轻的经营者们讲述、传授我的经验和思想。

盛和塾的开始，是因为京都的年轻经营者们在听完我的一次讲演后，恳请我务必向他们传授经营之道。

刚刚开始时，只是在晚上的空闲时间，大家边喝酒边交流。后来大阪的经营者们也要求参和，并取了"盛和塾"这个名字，此后，我们的活动范围扩大到了大阪、东京、神户等地。

盛和塾主要是传授经营哲学和具体经营方法的场所，这种哲学和方法是经营者应该掌握的。这也为经营者们提供了一个宝贵的机会，大家聚集一堂、侃侃而谈、坦诚交流。在这个过程中，盛和塾的活动范围逐渐扩大。

盛和塾的活动，我始终是义务举办的，这其中蕴含着我自己作为经营者的思考。

27岁创办京瓷时，我不过是一介技术人员，没有机会向任何人学经营。我一直是边学边做，反复试错，在这个过程中不断摸索企业经营的方法。

现在，中小企业占日本企业总数的99%，这些企业的经营者和我当初一样，不知道什么是经营，不知道在哪里可以学到经营的本质。

当然，在大学里可以学习经营理论，有些学校或许还会传授经营者的经验或窍门。但是，对于经营来说，非常重要的心灵应有的状态是什么，却没有地方可以学。

对于这些经营者，我至今积累的体验和智慧多多少少能对他们有所帮助吧。基于这种想法，我开办了盛和塾。

虽然日本盛和塾在 2019 年就终止活动了，但它已经走出了日本，扩展到中国、巴西、美国等国家，塾生人数达到了 13 000 人左右。

盛和塾从设立开始，已经超过 35 年，我已经讲完我要讲的一切内容。我祈愿，塾生们能从心底接受我以"善意的动机"向大家传授的内容，并在各自的舞台上加以实践。

第 *3* 章

以强大心灵成就未来

只要瞬间认为"能行"，就可以实现

成功人士和非成功人士只有毫厘之差。关键在于，当遭遇前所未见、如同绝壁一般的巨大障碍时，在那一瞬间，能不能对自己说"一定能跨越"，并走出第一步；敢不敢想"是我的话，一定能攀登"。

"可能跨不过去吧"，这时候，只要有这么一点点踌躇和犹豫，腿脚就会瘫软，导致无法攀登。即使过后拼命给自己打气："不，应该能跨过去！"也只能是马后炮了。就这一步之差，命运就迥然不同。所以，首先要坚定地相信自己"能行"，相信光明的未来必定到来。同时，迎头碰击困难这一壁障，不气馁，不放弃，正面对抗。

带着这样的强大心灵不断前进时，我们逐渐就能看到以前完全无法看到的前进道路，理清走向成功所需的种种线索，曾经看起来远在天边的成功，不知不觉间就变得唾手可得。

在京瓷的创业期，我为了开拓新客户，带着部下到处闯，去各家企业做上门销售。

然而，没有实绩、没有信誉、没有名气的小企业，去拜访客户，十有八九要吃闭门羹。尽管如此，我也决不放弃，不断低头恳求，想尽办法与对方见面。

虽然见了面，但对方往往会说："我们只从派系[1]内的公司采购零件，绝对不会从你们这种不知名的小企业采购。"毫不留情地拒绝我们。反复遭遇这种情景，同行的年轻员工不

---

[1] 指日本财阀派系。——译者注

免意气消沉，有时还因太过委屈而落泪。这种时候，为了鼓励部下，也为了振奋自己，我会这样激励他们：

"一两次碰壁就打退堂鼓，那怎么行？不管看起来眼前矗立的壁障有多高，首先要想'一定能跨越'。如果用手触摸一下，搞不好就会发现这个壁垒不是石头砌成的，而是纸糊的。如果是纸糊的，戳破它就行了；如果是石头做的，只要思考如何攀登就可以了。不思考这些，说一声'做不到'就袖起手来，那只能说是怠惰了。"

就是说，"觉得不行的时候才是工作的开始"。正因为情况困难，所以才要相信局面必能打开，一味向前，这时候，命运之门就会开启。我这样鼓舞部下们，也将这个道理深深地刻入我自己心中。

研发成功的秘诀
就是"永不放弃"

　　京瓷从一家小小的街道工厂起步，逐渐引起国内外的瞩目，最后实现了飞跃性发展，其契机就是从 IBM 那里拿到了用于大型通用计算机中枢部分的零件的订单。

　　那是一个大订单，相当于当时京瓷年销售额的 1/4，而且是击败了德国的知名陶瓷公司后拿下的。我们欣喜若狂，举行了牛肉火锅派对加以庆祝。然而，这也是三年多炼狱般苦难的开始。

　　产品规格书上的品质标准与我们当时的技术水准相比，高出了一个数量级；尺寸的精度要求也超出我们当时标准的十倍以上。当时的京瓷，不仅没有生产这种产品的设备，甚至连测量成品性能的仪器也没有。

但是，我的斗争心开始熊熊燃起。因为这个订单不仅能让京瓷在国内外扬名立万，而且是一个绝好的机会，能让京瓷的技术能力提升至世界先进水平。我再次下定决心，立誓"无论如何，一定要成功"。

我搬进了工厂，与员工们同吃同住，同时对作业的所有步骤、流程进行指导和监督。

员工们连日连夜地与疲劳作斗争，辛苦工作。我一个一个地把精疲力竭的员工送出门，对他们说："工作到这么晚，辛苦了，谢谢你。"但我的工作还没有结束。

回顾一天的工作，如果意识到某些地方需要改善，我就会坐立不安。这种情况下，我往往会继续工作，直到深夜，我经常是在拂晓前才回到工厂附设的宿舍里。不知道什么时候，员工们给我起了个外号，叫我拂晓先生。

就是这样吃尽了苦头好不容易才交付的试制品，结果全部被打上"不合格"的标签并被退了回来。对方说因为颜色不对，所以连合格与否的判别工作也不必做。我们只好从材料的调配开始，全部重做。

到底什么时候才能完成？这种状态实在令人煎熬。当某天好不容易拿到合格通知，并为此欢呼雀跃时，早上起来却发现只是南柯一梦。这样的情况反复出现过好几次。

在这样不断试错的过程中，员工们有时甚至因为实在想不出办法而懊恼地流下眼泪，但他们仍然坚持努力。

这样的辛苦努力到底还是开花结果了。接到订单7个月后，我们终于拿到了无数次在梦里见到的合格通知。从那时开始，工厂24小时满负荷运转，在规定交期内交付了数量庞大的产品。

经历了代表世界水平的计算机公司的锤

炼，生产出了他们认可的产品，这样的经验，为此后的京瓷带来了一种巨大的自信。

从那时起，京瓷通过持续研发，接连不断地推出新产品。每当被问到"产品研发的成功率是多少"时，我都会毫不犹豫地回答："一旦开始研发，就一定会让其成功。"事实上，当时所有我们经手的研发项目都获得了成功。

如果要问我成功的秘诀，答案只有一个，就是"永不放弃"。

一旦着手研发，就要相信"一定能行"，中途不管遇到什么困难，出现何种巨大障碍，都决不放弃，勇往直前。这种态度会带来战胜一切困难的力量，将我们引向巨大的成功。

"永不放弃"
成就了再结晶宝石

前面说过，要成就事业，就必须具备强大的心灵，以及"洞穿岩石般的坚强意志"。这种坚强的意志，并不是那种类似暴风雨般的剧烈粗野之心。

毋宁说，为了推动事物顺利发展，必须具备从内心涌现的安静平和又强烈无比的愿望。

即使遭遇未曾预料的艰难险阻，即使已经被困难击倒、感到绝望，也要能奋力爬起，拍拍灰尘，继续朝着成就事业的方向，镇定地、反复不断地发起努力。人必须具备这种不达目标誓不罢休的决心和永不放弃的精神。

举例说明的话，这可以说是滴水穿石般的

坚强决心。对于巨大且坚硬的岩石来说，一滴水根本算不了什么，但只要水滴无休无止，最终也能洞穿岩石。带着如此坚强的意志持续努力，不管做什么事业，都一定能"杀出一条血路"。

"再结晶宝石"事业就是一个案例，这项事业就是由这种洞穿岩石般的、不达目的誓不罢休的决心成就的。

京瓷自创业以来，以精密陶瓷技术为核心开展事业。为了实现企业的持续成长，在思考多元化战略时，我们选择将"再结晶宝石"作为切入点。这是因为，这个领域处在已有技术的延长线上，可以发挥我们的长处。

据说祖母绿宝石因为优质原石资源逐渐枯竭，市面上只有质次价高的东西。但如果使用我们长期积累下来的技术，就能制造出美丽的宝石，圆女性装饰自我之梦，这让我们干劲十足。

实际上手了才知道，这实在不是随随便便能干成的事，而是极其困难的工作。尽管我们夜以继日地投入研发工作，但宝石结晶几乎没有丝毫进展，最多只能形成用显微镜才能看到的超细微结晶。

虽然如此，但研发人员没有放弃。"再尝试一下，哪怕只能前进一步"，他们继续努力。然而，当他们把好不容易做出来的产品拿给我看时，我发现那不过是比米粒还小的结晶颗粒。

这种迟迟不见进展的研发看不到前途，我们不知道什么时候才能制造出可以作为商品的结晶颗粒，实在让人煎熬。但是，我不断鼓励员工们："虽然现在只能制造出很小的结晶体，但如果最后我们成功了，就能成就世界上前所未有的创举。人的能力是无限的，让我们用'将来进行时'看待自己的能力，持续迎接挑战吧！"

在此后的一段时间里，结晶停留在赤豆大小的阶段，不见进展。但在扎扎实实、持续不断的研发之下，我们最后还是成功地让结晶"长大"了。

终于，我们制造出透明的大尺寸绿色六角柱状结晶体，将其中的结晶部分取出，就是再结晶祖母绿宝石了。这种宝石在色泽、辉度等方面可以说达到了最高级。那是项目启动后第七年的事了。

我左手无名指戴着的戒指上，镶嵌着拇指指尖大小的祖母绿宝石。这正是我们最早制造出来的、留作纪念的美丽大结晶，这也是员工们锲而不舍、持续挑战的"愿望"的结晶。

"愿望之力"
孕育文明进步

　　不管面对多么困难的目标，都能最大限度地激发参与者的热情和能力，将"不可能"变为"可能"——这就是"愿望"所具有的力量。

　　所谓"愿望"，可以说就是在内心的画布上描绘出的想法、愿景、梦想和希望等，可以说是心灵活动本身，亦能说是由心灵活动所产生的意图或意志。

　　人的一切行动，都产生于"愿望"或者说"想法"，如果不"想"，任何事情都不可能在现实中出现。

　　接下来，如果要让心中描绘的"想法"变成现实，那么这种想法就不能仅仅停留在"如果变成这样就好了"的含混状态。"无论如何非这样不可！"必须从内心深处产生强烈的愿望，具备不可动摇的意志，不断思考。不是这样的话，愿望根本就不可能实现。

可以说，人类所构筑的今天这样高度的文明，其基础也是心中描绘的强烈愿望。

地球上最早出现的原始人类，通过在山野、大海与河流中的采集狩猎方式，获取食粮。但是，这样的生活受到气候和自然环境变化的影响，极不稳定。因此，"想过上安定的生活"，我们的祖先抱着这一强烈愿望，砍伐森林，开辟农田，收割作物，向着农耕生活这一生活形态进化。

更进一步，想要更多的收成、想要更高效的生产方式，这种愿望越来越强烈，人类不断钻研创新，制造出精密的机器，发展出高度发达的技术。想过上更便捷、更富裕的生活，这种强烈的愿望，催生了许多发明创造，构筑起了高度文明的社会。

"想要更快到达目的地"，这种迫切的愿望，催生了蒸汽火车，促使汽车在大地上奔驰；"想要飞上蓝天"，这种一心向往的强烈愿望，促使飞机飞上了天空；最后，抱有"想去宇宙旅行"梦想的人类，终于飞到了地球之外的宇宙空间。

就这样，把心中描绘的愿望作为原动力，我们的文明取得了长足的进步。

现在的我们，似乎已经忘却这种愿望的可贵。我们变得只重视用头脑进行的"思考"，轻视产生这种思考的根源，以及由心产生的"想法"或"愿望"。我们不得不承认这个现实。

只要怀抱强烈的愿望，并让这种愿望持续，那么，即使当时被认为根本不可能做到的事情，最终也能变为现实。

如果设定了高目标，并且真的想要达成的

话，就必须怀抱"无论如何非实现不可"的强烈愿望，必须懂得，这种愿望中，蕴含着成就事物的伟大力量。

实现高目标，
就要想法一致

再进一步说，作为公司、集团或组织，如果设定了高目标，并想动员全员实现高目标，那么，大家拥有同样的愿望或想法就很重要。换句话说，就是要统一思想，团结一心。

从公司规模还很小的时候开始，我就经常会在一天的工作结束后，把在场的干部、员工都召集起来，满怀热情地向他们讲述自己的想法、哲学以及今后将要挑战的事业等。

讲话的内容包括公司的使命、对事业的思考、工作的意义、劳动的价值、如何度过人生，等等。我会连续不断地讲上一两个小时，直到在场所有的部下都理解、都接受，脸上浮现"真的明白了"的表情。

可能有人会认为，与其花费时间讲这些，还不如把这部分时间用在实际工作上。但是，我却把重点首先放在了统一全员的思维方式上。

我之所以这么做，是出于创办京瓷时，我所抱有的想法。当时，京瓷不足30名员工，既没有资金、实绩，也没有信用，是一个弱不禁风的小微企业。我之前是技术员，没有任何有关企业经营的知识和经验。

我总是忐忑不安，感觉肩负的重担可能将我压垮。在这种情况下，我开始认真探求在企业经营中，"确实可靠的东西"是什么。

历经种种烦恼，经过反复思考之后，我做了一个决定：以"人心"为本去经营企业。

人心这个东西，确实易变，然而，一旦人心凝聚，就能发挥出强大的力量，这是其他任何东西都难以替代的。因此，首先重要的是，员工同志们相互信任、相互理解、团结一心、努力工作。

整个公司像一个家庭一样，或者说，大家都像共同经营的伙伴一样，具备共同的想法，一起鼓起热情，相互帮助，共同前进。除此之外，我没有任何经营企业的手段和方法。

但实际上，在整个组织中，当我要把大家的思维方式统一到相同的方向时，几乎肯定会有人提出异议和反对。他们说："这不是思想管制吗？"

当然，企业不是要侵害个人的思想自由。但是，如果每个人都抱着各自的思维方式和价值观，在工作中各行其是，那么，作为一个组织，就什么事也做不成了。

如果想要大家一起努力，实现远大的目标，把思维方式统一起来，让大家拥有同样的想法，团结一致，共同奋斗，是完全必要的。

因此，领导者有必要利用一切机会，全身

全灵，真心实意，将自己的想法及瞄准的目标直接地、反复地向部下阐述。只有这样，领导者所讲的内容才会具备说服力，才能像水一样渗透进员工的心田。

为了让部下理解自己的思维方式和哲学，我绞尽脑汁，竭尽全力，运用自己仅有的智慧和知识，不惜唠叨，细心说服，态度恳切。同时，在有些场合，我甚至不惜与员工争吵，展开激烈的辩论。但我决不玩弄权术，哄骗糊弄，而是从正面说服，反反复复，决不放弃。

如果我仁至义尽，但对方怎么也理解不了的话，我不会提一个简单的妥协方案，而会选择请对方辞职，这种情况经常会发生。或许有人认为，这很极端，但在一个组织内，统一思想，团结一心，就是这么重要。

企业重建，
第一步就是统一思想

　　在参与重建日航的时候，我所做的事情，就是改变全体员工的"心"，让大家拥有同样的思维方式。

　　日航宣告破产，我出任会长时，企业再生支援机构已经拟订了重建计划。就是说，"做什么、如何做，才能重建日航"的计划草案已经准备好了。

　　但问题是，没有人来执行这个计划。

　　说实在的，企业破产，说明包括领导者在内的全体员工，都持有一颗导致企业破产的"心"。

　　不改变这颗"心"的状态的话，那么，

不管采用什么方法、策略，重建工作都无法奏效。

日航的重建期限为三年，我自己也抱定信念：三年一定要干成。

因此，我必须在极短的时间内，培养出能在一线执行重建计划的干部。我和我从京瓷带来的董事一起，制订计划，召集日航的经营干部，实施为期一个月的领导者教育。

不出所料，内部出现了各种反对声音。一方面，认识到领导者教育的重要性的人非常之少；而另一方面，公司处在破产这一生死存亡的危急关头，却要召集全体干部，不紧不慢地每周举办好几天的学习会，对此，许多人抱有抵触情绪。

尽管如此，我仍强调这件事的重要性，并且每周一次由我亲自讲课，好歹把领导者教育搞起来了。

在这个学习会上，我讲的既不是组织管理

的方法，也不是什么技巧、手段，我首先阐述我在迄今为止的经营者人生中一贯珍视的思维方式、理念和行动规范，也就是所谓的"哲学"。

其中，"拼命投入工作""不忘感谢之心""保持谦虚坦诚之心"，等等，都是孩提时代父母或学校老师教导的东西，都是以朴实的教诲和道德为基础的思维方式。

当初，干部们听到这些话，也不掩饰疑虑和困惑，不少人表示不满："为什么这些连小孩子都懂的东西，现在还要让我们来学？"对于这些人，我经常会讲这么一番话：

"大家都说这些道理非常幼稚，理所当然，十分简单，但是，这些道理或者说思维方式，作为知识，大家或许具备，但根本没有掌握，更没能实践，这就是招致公司破产的元凶。"

我这样强调，坚韧不拔，不断诉说。结果，一个人、两个人……表示理解的人不断增加，最后，所有人都态度谦虚起来，开始认真聆听我的讲话。

如此这般开始的领导者教育，授课对象不久就从全体干部扩大到一般员工，这个学习会后来发展为以全体员工为对象的"哲学学习会"。最后，公司内部还制定了日航哲学手册。

哲学渗透到了员工们心里，公司的业绩也随之飙升，取得了远超预期的成果。

员工心变，公司巨变

过去的日航，只有所谓的精英才能进入经营中枢。这些人毕业于一流大学，但几乎没有在一线流过汗，只会用大脑制订计划，通过"上意下达"的方式管理公司。

不了解现场，就无法经营好企业。首先要改变这种结构。于是我大幅改编组织，让在现场辛苦工作的人参与经营。

仅对组织进行了这样的改造，一线员工的热情就一下子高涨起来，他们工作积极主动，生气勃勃，他们在各自的岗位上，凭自己的意志，最大限度地做好能做的工作。

"自己也承担着企业经营的一部分责任"，

这种主人翁的感觉，戏剧性地改变了他们的工作态度。

此外，我还经常访问工作现场，借此机会与那里的员工直接交流。我讲述日常工作时应抱的心态，同时要求他们以"利他之心"服务客户。特别是直接与乘客接触的空乘人员和飞行员，他们的心态是直接决定公司方向的关键要素。如果他们的服务足够贴心，乘客就会选择再次乘坐；如果他们服务马虎，乘客就会离去。他们直接左右公司的命运。

在空乘人员面前，我这样说：

"'下次还想乘坐那架飞机'，要让乘客产生这种想法。日航要想脱胎换骨，变成乘客喜欢的公司，最重要的就是大家的'心'。接待服务不能只讲形式，必须对乘客充满感谢之心，充满亲切、温暖和关怀。如果做不到这一点，公司的重建就无法实现。"

哪怕是机长和乘务员进行的机内广播，也

不能照本宣科，而要带着关爱之心，用自己的语言表达自己的心声。我拜托大家开动脑筋，将心中的感谢和款待之意用语言表述出来，努力做好机内的广播工作。

我还说，以好心发起的行动一定会带来好的结果。抱着这样的好心做事情，就是在各自人生的田园中播撒幸福的种子。

我不知道自己的话起到了多大的作用，但员工们的心灵发生了让人难以置信的变化。这种变化在 2011 年东日本大地震发生后，表现得淋漓尽致。

在被大水围困、形同陆地孤岛的机场里，员工们为在此避难的当地民众提供食品和毛毯。有一位乘务员，用新鲜米饭制作饭团，分发到被长时间困在机舱内的乘客手中。

对搭机赶往灾区的日本红十字会救援成员，据说机长发表了温暖人心的慰问广播，还有乘务员悄悄地在他们托运的行李里放入慰劳和鼓励的字条。

我还听说，有一位单身前往关西和家人团聚的老妇人，因为乘坐的航班被取消而非常焦急，一位没有当班的日航员工陪着她，设法利用多种交通工具，把她送到了关西的机场。

所有这些，员工手册中当然没有，也没有任何人向他们发过指示。如同身在战场一般，在时刻变化的现场，"现在该为客人做什么"，员工们都主动地思考，自发地采取行动。

日航的重建，并不只在于重建计划进展顺利，这是一场真正的"心之改革"。每一位员工的思想都发生了戏剧性的变化。

决不放弃的
意志之力让公司起死回生

就像这样，公司能否发展，重建能否成功，关键就在于公司当事人们的心态。

特别是对于经营者而言，必须具备决不放弃的强韧意志，具备不管面对何种状况都要找到活路的、不屈不挠的精神。若非如此，就不可能把企业经营好。

我强烈地意识到这一点，是在我投身经营，让京瓷股票上市的时候。当时，作为对股东的承诺，许多上市企业要发表下一年度的业绩目标。但是，他们却动辄以经济变动为理由，很随意地向下调整目标。这种情况经常出现。

如果这样的事情常态化，员工们就会认为，目标只是嘴上说说而已，不必那么当真。结果就会失去干劲，失去士气。

但是，也有这样的经营者，不管经济环境如何严峻，甚至遇到了根本预想不到的逆境，他们照样能够出色地达成预定目标。

在这个变化激烈的时代，如果缺乏"不管外部环境状况如何，都要达成目标"的、燃烧般的强烈的意志，企业就很难成长发展。

认真想一想吧，经济和经营全都一帆风顺的时代，迄今为止从来就不曾有过。特别是"二战"后，那是最困难的时候，当时有人认为，日本经济一百年都无法恢复。然而，就是在一片废墟之中，日本经济如同不死鸟一样，浴火重生了。

既没有资本，也没有资源，人手和技术也不足。在如此不利的条件下，不少中小企业从困难中崛起，发展成世界领先的大企业。

　　如同在荒野中野蛮生长的杂草一般，这些企业具备了强大的韧劲，成为支撑"二战"后日本经济奇迹般复苏的支柱。

　　我认为，成为其原动力的，正是冷静的，却又是燃烧般的强大意志，是决不放弃的坚韧精神，或者说是意欲、热情、斗魂……就是所谓的"愿望"，也就是"心"。

　　从今往后，我们必须克服的困难还有很多，无法预料的困难还会出现。正因如此，在经营企业时，我们必须具备不亚于当年实现日本经济复兴的前辈们的坚强意志和饱满热情。

　　不管遭遇何种逆境，我们都必须看到美好的未来，相信自己的可能性，开动脑筋，竭尽智慧，不断探索解决之道。

　　这种时候必须具备的，就是决不放弃的那颗心，就是遇到任何困难和障碍都要去突破的、强韧的精神。

倾听"神灵的私语"

抱有燃烧般的强烈的意志，心怀光明的希望，一步不停，踏实前行，那么，看起来山穷水尽之路，也会有登高望远、豁然开朗之时。那一瞬间，心中的所有烦恼和疑问全都会烟消云散。

我将此称为"神灵的私语"。可以这么说，只有相信未来，一步一步扎实向前的人，才能获得上苍的这种"褒奖"。

在大学毕业就入职的那家公司里，我成功合成了用作显像管电视机绝缘零件的镁橄榄石这种材料。在批量生产时遇到的最大难题，就是如何让镁橄榄石成型。

要让陶瓷原料的粉末成型，就需要类似黏合剂的材料像搅拌面粉一样让粉末成型。但是，我怎么都找不到不含杂质的优质黏合材料。我把锅碗瓢盆搬进公司，基本住进了公司，连日连夜、不断试验，不断摸索。

有一天，我不知被什么东西绊了一下，一看鞋底，发现有东西粘在上面，那是实验用的石蜡，不知道是谁把它放在了走道上。

我正想大喊"是谁放的"，就在那一瞬间，我的眼睛紧紧盯着鞋底，屏住气，脑海中闪过一个念头：用石蜡和原料粉末混合，再成型会怎样呢？

把这种成型的材料放在高温下烧制，因为用作黏合剂的石蜡被烧尽，不含杂质的产品便做成功了。

这就是所谓"神灵的私语"。拼命工作，埋头于研究，一心不乱。或许是可怜我，也可能是鼓励我，神灵伸出了援助之手——我禁不住这么去想，否则无法解释这种奇迹般的事情。同样的事情，在创办京瓷后不久也发生过。

当时，在美国的一家半导体公司，有人给我看了两块重合的陶瓷薄板，问我能否开发制造这样的 IC 封装。

我们马上成立了项目组投入研发，但这项工作极其困难，远超预料。制造胶带状的陶瓷薄板是第一次，将其拼在一起烧结也是第一次。更何况还要在薄板上印刷输送电子信号的复杂电路。

在反复试验、不断摸索的过程中，一个灵感闪现：制造像"口香糖"一样的陶瓷薄板行不行呢？我想到，既然用过去凝固陶瓷粉末的方法行不通，试着制造口香糖那样柔软有黏性的陶瓷薄板怎么样？我想到了这一点。

此外，在想办法把电路印刷到这种薄板上时，京都西阵织的染坊发挥了作用。染坊使用的是"丝印"印刷技法。于是，我们将具有耐热性的金属粉末做成糊状，将其印刷到口香糖一样的陶瓷薄板上，并将多层薄板黏合到一起，用高温烧制。

通过这种方法制造出来的产品就是"陶瓷多层封装"。当时硅谷的半导体公司不约而同，都采用了这种产品，这让京瓷几乎处于垄断地位。京瓷持续生产和供应这个产品，并由此实现了飞跃性的发展。

这一产品的开发成功，也来源于我们多年培育出的挑战精神和不屈斗志，以及"天启般的灵感"，也就是"神灵的私语"。

"我们接下来要做的事情，又是别人认为我们做不成的事情。"我曾经把这话挂在嘴上。怀抱对未来的希望，以光明之心，坚信梦想必能实现。这种信念成为强大的精神食粮，让现有的能力大大提升，将不可能变成了可能。

第 *4* 章

贯彻正道

从父母处继承的不同气质

自己的性格是从哪里来的呢？思考这个问题时，我觉得在自己的性格里，有分别从父亲和母亲那里继承来的部分。

从父亲那里继承的，是有些胆小的、对事物进行慎重斟酌的性格，以及无论何事都真挚面对的态度。

前面已经讲过，我出生、长大的鹿儿岛老家，在"二战"前经营着一家印刷作坊。父亲诚实勤劳，不但严守交期，而且对客人提出的价格从不计较。因为这样的人品，很多人都信任和喜爱他。

但是，因为他的性格过于谨慎，叩着石桥

也不敢过河。有看中父亲工作态度的人，想借钱给他，劝他购进自动制袋机，告诉他购设备的钱什么时候还都可以。但父亲却多次拒绝，最后实在拒绝不了，才勉强买进。

借钱给人的情况是有的，但从别人那里借钱，父亲非常忌讳。在战争结束前两天，家里的房子和工厂都在空袭中化为灰烬。"二战"后，母亲再三劝说父亲重开印刷作坊，但父亲讨厌借款，始终不肯点头。在这一点上，我很像父亲，有慎重甚至是胆小的一面。

比如说大学时代，为了应试复习功课，如果在临近考试时才开始复习，那么，若出现朋友有急事相邀，或者突然身体不适等情况，就会导致复习不完考试内容就去应考。这种情况经常发生。为了避免这种情况，我会制订复习计划，在考试前的一周完成计划，所以不管考试出什么题，我都能取得满分。

自从少年时期罹患肺结核，我的身体很容

易失调，一不注意就会发热。所以，从学生时代开始，我就养成了凡事早做准备、尽早了结的习惯，这一习惯在以后企业经营的现场发挥了很大的作用。

相较于性格谨慎、有点胆小的父亲，母亲的性格却总是乐观豁达。不管什么事情，她都看好的一面，总是积极向前。在许多事情上，她会鼓励畏首畏尾的父亲，有时候会在父亲背后推一把。

对我们一家人来说，母亲是太阳般的存在，始终温暖地照耀着我们。而且，由于她性格外向，待人亲切，父亲经营的印刷作坊的员工们也很喜欢她。

不管身处何种逆境，我都能保持开朗、乐天的心态，这种性格一定是从母亲那里继承来的。

此外，母亲还有某种"商才"，也就是做买卖的才能。

家里的房子毁于战火之后，父亲就完全失去了工作的勇气。"二战"结束后，母亲取代了父亲的位置，她把自己的和服拿去当铺换钱。自己的和服卖完后，她就从黑市上买来和服，再换成大米和蔬菜，用这些养家糊口。

"二战"前印刷生意兴隆的时候，父亲想的是把现金作为财产留在手里。与此相对，母亲却劝说父亲购买当时正在廉价出售的土地和房产，但父亲很顽固，听不进去。

结果，由于"二战"后严重的通货膨胀和新货币投入使用，现金的价值在短时间内急剧下跌，可见母亲的眼光很准。

我后来成了经营者，母亲的这种"商才"，可能也带给我若干影响。

从父母身上学到
"贯彻正道"的重要性

父亲和母亲的性格虽然截然相反，但两人的共同点是，绝不容忍歪门邪道。他们都具备贯彻正道的"骨气"。

孩提时代，我打架打输了哭着回家时，母亲总要问清打架的原因，并对我说："如果你认为自己是对的，那就再去打，到打赢了再回来。"说着就把手里的扫帚塞给我，把我从家里撵了出去。

此外，关于父亲，我还记得这样一件事。

小学时代，我是所谓的孩子王。有一次，我和小伙伴们欺负班里的一个富家子。这是因为，班主任老师对这个孩子的偏心态度和对我们这些"坏孩子"的态度比起来，差别实在太大了。

例如，我和其他伙伴在课上举手提问时，老师根本不搭理，但当那个富家子提问时，老师却耐心讲解。家访的时候也一样，到我们家时，只在家门口站着聊上几句，到那个孩子家时，却进屋一边喝茶一边谈笑。

这种不公平的事情能容忍吗？我义愤填膺，于是和小伙伴们埋伏在从学校回家的路上，等到那个富家子经过时，几个人围起来欺负他，把他弄哭了。当然，我很快就被老师叫去激烈斥责。"老师偏袒那个孩子不对！"当我提出异议时，老师怒斥道："不许顶嘴！"（在鹿儿岛，反驳年长者时会被这样骂），并给了我一拳。学校把母亲叫去领我回家。晚上坐到饭桌旁，已经听说此事的父亲问我："今天是怎么回事？"

我说明了事情经过，并说"老师偏心不

对"。父亲只喃喃说了一句："你做了你觉得正确的事情咯。"接着什么都没说。

父亲默认了我小小的"正义",这让我很开心,同时也觉得这样的父亲是我的靠山。

即便逆风扑面，
也要笔直前行

正确的就是正确的，绝不允许扭曲。这种坚持正道的勇气、遵循事理的气节，是父母身上共同的东西，我也在潜移默化中受到了他们的影响。回想过去，不管面对何种局面，我都不是以自己的"得与失"作为判断基准，而是按照"是否正确"采取行动——也就是用"贯彻正道"的方式去突破困境。

无论面临多么困难的局面，都不允许自己采取妥协或迎合的态度，而是以正确的姿态、沿着正确的道路向前迈进。换句话说，任何时候，都只用正面突破的方法去解决问题。

我不是从多种方法中选择了正攻法，而是

只会这一种方法，所以不得不用这种方法。因而与别人相比，我总是倍加辛苦。

　　前面讲过，踏入社会时，我是一个研究精密陶瓷的技术员，后来因为独自开发的新材料获得成功，被提拔为部门主任。那个部门是新成立的，任务是用这种新材料生产产品。我当时还只是一个二十多岁的年轻干部，部下中有不少人的年龄比我大。

　　因为当时所在的公司是一家亏损企业，常年处于银行的托管之下，所以员工待遇很差，一年到头，劳资纠纷不断。当然，员工的道德观念和工作热情也很低。为了赚取加班费，很多员工都想方设法去加不需要加的班。

　　如果大家都这样蚕食公司的话，那么不仅公司的业绩无法提升，反而会陷入恶性循环。因此，我虽然还很年轻，但只要看到偷懒懈怠的人，都会严加斥责。

　　看到我这么盛气凌人，有位前辈就劝告

我："虽然你说得对，但太过严厉。部下稍有马虎，你就严加痛斥，他们对你就会窝火，就会讨厌你。在工作中，还是要多体谅下属的心情才好。"他说的也很有道理，所以我感到非常苦恼。

然而，尽管思想有反复，但我的正义感却没有动摇。"或许我的话会招致部下的反感，但我绝没有说错。对的就是对的，必须坚持。"我的想法越发坚定。哪怕逆风吹袭，但只要是自己认定正确的事，就要付诸行动。我决不改变这种做人做事的态度。

这时我觉得，这就如同孤身一人垂直攀登悬崖绝壁一般。

前面耸立的壁障不管多高、多坚固，我也决不迂回。在自己相信的道路上，使出浑身的力量，笔直攀登。就像攀岩一般，只管瞄准山顶，一步一步，攀爬那险峻的岩壁。

看着我这种姿态，伙伴中有人反对，有人

惊愕。一个人掉队了，又一个人中途下山了，等意识到时，只剩我一个人攀附在岩壁上。我曾经有过这样的感受。

巨大的孤独感和恐惧感常常会向我袭来，但是，即使如此，我也认为，解决问题除了正面突破，别无他法。

正因为坚持正道，
人才会遭遇困难

因为我采取这种态度，所以经常会与工会[1]的人发生冲突。我认为，如果要保护劳动者的权利，自己就要拼命努力工作，把公司搞好，这是前提。所以对于那些老是发动罢工的工会干部，我经常会批评他们："这么做不对。"

我与工会干部总是对立，总有意见分歧。在这个过程中，发生了一件事。我的部门里有这么一个人，他只顾强调自己的权利，口中充

---

[1] 参见73页注。

满了牢骚和不满，工作不好好干，不管怎么批评，他都充耳不闻。我在烦恼之余，有一次，这样对他说：

"这么反复跟你讲，你还是不明白。我们这个部门不要你了，你辞职吧。"

这句话成了导火索，导致我被工会围攻。那位当事人跑到工会控诉说："稻盛和夫那小子有什么权力解雇我。"工会成员群情激愤，在午休时把我拉到公司的广场，让我站到包装箱上，开始批斗我。

"这家伙是公司的走狗，压迫我们，讨好公司。就是因为这种人的存在，处于弱势地位的劳动者才会遭剥削，才会生活痛苦。这种家伙才应该被解雇。"

对此我反驳说："我既不是公司的走狗，也不是工会的敌人，我只是要求做人应该做的事情。"但他们根本不听，一味找碴挑衅，蛮不讲理。最后我忍无可忍，大声说道："我知道了。如果你们认为不好好干活、工作马虎的人该留下，为公司拼命工作的人反而应该被解雇，那我马上辞职。"好啦好啦。"这时公司干部介入仲裁。结果我决定暂时留在公司，但事情并没有就此结束。

当天晚上，几个工会的人埋伏在我从澡堂回宿舍的路上，突然袭击，想要围殴我。我抱着洗漱用具逃回宿舍，但他们追了过来，一拥而入。在相互推搡中，我的额头撞到了大门的玻璃上，眉间被玻璃割破了。

鲜血从伤口中流出，样子非常吓人。但是我毫不退缩，怒目相对。也许是被我这种气势镇住了，最后他们悻悻离去。

第二天，他们轻蔑地以为："让他吃了那么大的苦头，稻盛肯定不敢再来了。"当我头上缠着绷带出现时，他们都大吃一惊。当时的场景我至今记忆犹新。当想要贯彻正道时，认为"这是好事"而表示支持的人往往很少，而诽谤中伤，说着"你装什么正义"的人以及拖后腿的人，则比前者多很多。即使如此，正确的事情还是要正确地贯彻下去，这种决心不可动摇。有时候，正是因为坚持贯彻正道，我们反而会遭遇困厄。西乡隆盛就说过如下的话：

"行正道者必遇困厄。无论立何等艰难之地，无论事之成败，身之生死，志不稍移也。"[1]

西乡说的是："遵循正道做事的人，无论如何都会遭遇艰难困苦。因此，不论碰到多么困难的局面，无论事情成功还是失败，不管自己是生还是死，都不应该有丝毫的迟疑。"

西乡自身，凡事都讲究"通逻辑，合伦理"，竭尽诚意，贯彻正道。因此，从年轻时起就历尽辛酸，但他却将艰难困苦作为食粮，

---

[1]《南洲翁遗训》第二十九条。

培养出了面对任何事情都纹丝不动的、如山一样的"不动心"。

他还说，正因为反反复复遭遇艰辛和苦难，他的心才变得不可动摇。

正因为拼命努力，行走在本来就应该走的正道上，困难才会降临——这是上天赐予我们的考验，也可以说，这是更好地磨炼心灵的机会。我们的灵魂因此而不断净化，人生也将因此而愈加丰富多彩。

哪怕四处碰壁，
也要贯彻正道

后来，我辞职离开了那家瓷瓶公司，与信任我、追随我的 7 名伙伴一起，成立了新公司——京瓷。其中的前因后果，在当时我写给父亲的信中做了详细的说明。

其实，这封信我自己已经忘了，但父母一直珍藏着。他们过世以后，这封信作为遗物又回到我手中。

这封信中写到当时那家公司的经营困难越发严重，出现了大量裁员的情况。除了我领导的科室，没有一个部门盈利，也没有重振公司的方案。问题堆积如山，但社长和部长一级的干部都不作为，态度消极，反倒是我还给他们打气。

当时是我进入公司的第四年，我当上了科长，率领的科室取得了很大的发展。然而，有些人看着却很不高兴，他们要接手我们科室长期以来做的研究项目。我强烈反对，递交了辞呈。现在重读这封信，我回忆起了当时紧迫的状态。

信中写道："迄今为止，他们自己做的所有项目，全都搞砸了，这次还想来抢我的工作。他们只让我做试制品，我视若生命的研发环节，他们不许我做。简直岂有此理！（中略）这帮家伙要中途拦截我的研究工作，要抢夺我500万日元的研究经费。要是我的研究成果全都被这帮毫无道义的家伙夺走，那我一路以来的努力还有什么意义呢？"

接下来，我又写道："我坚决反对。然而，我的意见未获通过。这样的话，多年来的工作成果将会前功尽弃，部下将被逼入困境。我不忍心目睹这种情况。我以此为理由，提出辞职。"

我递交辞呈后，社长以及干部们都恳求我："你辞职的话，公司就会破产，请你务必重新考虑。""给你加工资，请你留下来。"我拒绝了他们的要求。我说："给我涨工资，我就撤回辞呈，这不等于我自己抛弃信念吗？"

此外，信中还记述了新公司（京瓷）的筹备情况，以及将与公司同一部门的同事（现在的妻子）提前结婚等。当时正是我人生的多事之秋。我是以这样的语言结尾的："因为是和夫所做的事情，所以一定会做成功。务请父母安心，切勿为我担心。两到三年后，公司一定会很优秀，在此之前还需忍耐。"

哪怕不受欢迎，也要贯彻正道，这就是我年轻时的性格。而正因为认定自己是在贯彻正道，我才能够具备事业一定会成功的、不可动摇的信念。

就是这样，我没有其他能力，只能沿着自己相信的道路，一心一意向前进。

将做人的"正道"
作为经营的原点

　　成立京瓷后不久，我就将"作为人，何谓正确"当作经营判断的基准。

　　当时，我向员工们发出了这样的号召："从今往后，我要把'作为人，何谓正确'作为经营企业的唯一基准。可能有人会认为这一基准太幼稚、太简单了，但我认为，事物的本质就是单纯、明快的东西。所以，今后我要把正确的事情以正确的方式贯彻到底。"

　　所谓正确的为人之道，就是"要正直""不骗人""要关爱他人"，等等，这些小时候父母和老师教给我们的、极其简单的道德，或者说伦理。对于当时很不成熟且没有任何经营知识和经验的我而言，除此之外，没有可以借以立足的基础。

如果将判断基准的根本置于人的心中，经营者至少不会把公司导向错误的方向，我这样确信。在员工们面前，我这样说：

"我要求大家放在心上的是，这个判断基准不是'作为公司'是否正确，也不是'作为我个人'是否正确，而是'作为人'是否正确。所以，作为经营者，如果我说了、做了'作为人'不正确的事情，请大家不要客气，直言相谏，纠正我。但是，当你们认为我的言行符合正确的为人之道时，就请大家一定跟随我。"

这个单纯的判断基准，一直到今天，我依然坚守，并努力将其付诸实践。这或许是母亲的一段话刻在我心中的缘故。当年母亲一有机会就教育我们几个兄弟姐妹，她这么说：

"不管什么时候，都要记住'举头三尺有

神明'。所以，独处的时候，没有任何人看到的时候，也要知道'神佛'正在看着自己，所以行为要端正。一时心智迷乱，想做坏事时，就要在心里念诵'神在看我''神在看我'。"

就是按照这句话，在企业经营中，我也努力贯彻正确的为人之道，经营企业要无愧于天。我信奉这一思想到了愚直的程度。迄今为止，我的经营判断之所以不出大错，能一步步扎扎实实走到今天，可能就是拜此所赐。

不以得失，
而以"作为人"正确与否来判断

　　行动的规范不是基于得失，而是基于作为人应走的正道。在受命重建日航、出任会长职务后，我所面临的局面，立刻让我再次体会到了这一判断基准的重要性。

　　世界上几乎所有的航空公司都在业务上相互联结，形成了被称为"联盟"的协作关系。这样的联盟组织在国际上有三个。

　　日航加入的是其中规模最小的"寰宇一家"联盟[1]。在经营重建之际，相关人员中出

---

[1] 后文简称"寰宇联盟"。——译者注

现了很大的呼声，认为日航应该改换门庭，加入规模更大，也就是优势更大的其他联盟。

相关的某个联盟也频频示好，提出优厚的条件。"我们热烈欢迎日航加入。"他们"频送秋波"，希望我们加入。一时间，"应该转会"的意见在公司内部成为主流。

从最初听说这件事情开始，我就觉得有些不妥。但我首先做的，就是和接连到访的两家联盟的干部分别会面，倾听他们各自的意见。在这个基础上，我对公司内部的相关人员这么说：

"因为我是航空业的门外汉，所以不懂具体的事务。但不管发生什么事情，重要的是以'作为人，何谓正确'为基准对事情做出判断。联盟中有我们的伙伴航空公司，也有接受我们服务的客户。所以，不单是考虑对我们来说是得还是失，也要把他们的立场和心情考虑进去。在这个基础上，再做出判断。是不是应该这么做呢？"

阐述了这个想法后，我要求大家再次郑重考虑。大家考虑的结果、大家得出的结论，我将会遵从，并对其负责。

据说，此后的几天里，相关人员畅所欲言，进行了充分讨论。不久，有以下意见传来。

确实，如果按照眼前的利害得失来考虑，转会到其他联盟可能是一个明智的选择。但是，我们长期所在的寰宇联盟就会因此受损，其损失如同飞机失去单侧一翼。至今一直合作的伙伴们，他们没有任何过失，却要被一脚踢开。追问到底，这是"作为人"的正确行为吗？

此外，一直以来乘坐我们飞机的乘客们，就会因此失去联盟应有的所有优惠。在日航如此艰难的情况下，依然使用我们公司服务的旅客，让他们受损，这对吗？

　　结果，经过数天，再次开会讨论时，相关人员得出的意见是："今后仍然留在寰宇联盟中吧。"

　　我的主张绝非反对转会本身，而仅仅是督促大家，不要仅仅依照"是得还是失"这一经济的原理，而且要在道义上看"是好还是坏"，要按照这一基准，再次思考这个问题。

　　相关人员虚心地接受了我的这个意见，经过反复讨论和认真思考之后，得出了这样的结论。

正确的判断源自"灵魂"

　　不以得失，而以"善恶"来判断事物，把"善心"作为判断、决策的标尺。要做到这点，需要平日里严加注意，否则很难付诸实践。

　　在刚开始经营企业的年轻时代，我会经常抓住部下，说下面的话：

　　"某个问题发生后，寻找解决方法时，立即在头脑里浮现的想法几乎都是基于自我、基于欲望或感情的。只要不是圣人君子，就不能够以善恶直观地做出判断。所以，不能把最初冒出来的念头直接作为结论，而是'要等一下啊'，暂且将最初的判断放一放，用善恶的标尺好好地对照衡量，然后重新对问题进行思考。为了防止做出错误的决定，这种缓冲是十分必要的。"

这些话我一边说给部下听，一边也在告诫自己。实际上，遇事时"这么去做吧"这种一瞬间在脑海里浮现的判断，往往是错的，过后我很快就意识到了。这样的经验，我自己就有很多。

做出正确的判断所必需的，并不单单是聪明的头脑或丰富的知识。比什么都重要的是心中是否持有成为判断标尺的"善恶的规范"。

那么，这个"善恶的规范"是从哪里来的呢？从心灵深处的"灵魂"中来。

前面讲过，人心的中心部分存在着"灵魂"，灵魂的最深处存在着应称之为核心的"真我"。所谓"真我"，用"真善美"三个字来形容最为贴切，它是最纯粹、最美好的心。

这种充满爱与和谐的、清澈的"真我"，存在于所有人的心灵深处。但是，经受世间波涛的冲击，历经各种酸甜苦辣，我们会掌握各种各样附着在"真我"之上的知识和经验。这些在佛教中被称为"业"。覆盖着"业"的"真我"，就是"灵魂"。

佛教主张轮回转生，也就是认为重生是存在的。人在很多次"重生"的过程中，积累了各种各样的经验，造就越来越深的"业"。

有时候我们会说，"那个人的灵魂不好"，这指的是那个人在这世上积累了不好的"业"，也就是不好的行为、想法、经验、知识等。

出生来到这世上的时候，我们已经拥有"灵魂"，在"灵魂"的外侧，包裹着"本能"这个东西。

刚刚出生的婴儿，不需要任何人教，就能从脐带被切断的瞬间，张开嘴开始肺呼吸，然后吮吸母乳摄取营养。这些全都是本能所形成的"业"。

接下来，包裹在本能外侧的"感性"逐渐

发育。随着不断成长，婴儿开始张开眼睛看外界，开始听到声音，感觉不舒服就会哭泣，向父母求助。诸如此类，这说明感性在逐步形成。接下来，感性的外侧又裹上了"知性"。到了两岁左右，当感觉和感情充分发育时，知性就开始萌芽。

就这样，心这个东西，最中心的部分存在着包含着"真我"的"灵魂"，在"灵魂"的外侧则包裹着本能、感性、知性，就像洋葱的皮一样层层包裹。我们可以这样思考"心"这个东西。

用位于灵魂核心的
真我来做判断

那么，在判断事物时，这个"心灵结构"是如何发挥作用的呢？

一方面，基于"本能"做出的判断，得失就成为基准。比如，人就会把是否赚钱、对自己是否有利作为基准，做出判断。

另一方面，依据"感性"做出的判断。比如"讨厌这个做法""喜欢这个人"，等等。这样的判断，即使一时行得通，也不一定能带来好的结果。

那么，用"知性"做判断会怎样呢？

条理分明，思路清晰，逻辑通畅，看起来很有道理。但是，知性并不具备对事物做出决断的功能。

不管多么讲究逻辑，这个逻辑实际上往往还是基于本能和感性做出的判断。

就是说，用本能、感性或知性，并不一定能做出正确的判断。越是人生中重要的局面，越是决定公司走向的关键判断，就越是需要发自基于"真我"的"灵魂"。

所谓"发自灵魂的判断"，归根结底，就是前面讲的，以"作为人，何谓正确"为基准做出的判断。

不是以"得失"，而是对照单纯的道德和伦理，以单纯的"善恶"作为判断的标尺。

换句话说，就是做符合正道的判断。

让这样的规范在自己的心中深深扎根，这样的人，即使碰到未曾经历的局面，或是遭遇必须迅速做出判断的事态，不管在什么时候，都能做出正确的判断，把事业引向成功。

达至真我，
瞬间明白一切真理

　　如果能从心灵最深处的"真我"出发观察世界、判断事物，那么这种判断就绝不会出错。为什么呢？就像前面所述，所谓"真我"，就是让宇宙之所以成为宇宙的存在本身。

　　如果一心一意磨炼心灵，让它成为真我本身的意识，我们就能瞬间理解这个世界的一切事物。

　　所谓达至开悟境界的人，就是达至了这个真我。到达了这个境界，这个世界的一切真理，就会在眼前清晰地呈现，同时，就能创造出自己想要的现实。

　　据说释迦牟尼开悟的时候，在瞬间理解了

森罗万象的真理，让自己和宇宙成为一体。他还对弟子们说，这种境界是无法用语言表述、无法用文字记录的，只有通过亲身体验才会明白。

对于我们这些凡人而言，能否轻易到达开悟的境界呢？当然不会那么容易。

我曾经出家为僧，在我的心灵导师西片担雪长老那里学习修行，但仅仅是花点时间坐禅，根本不可能指望因此开悟。

我皈依的是临济宗，临济宗有一位被称为中兴之祖的白隐禅师。即使是这位白隐禅师，也曾经感怀：大的开悟，就是"大悟"，在自己的一生中，也仅有八次而已。

即使是一生都专注于禅修的人，也只有八次开悟。所以，我们即使拼命修行，想要到达开悟的境界，也绝非易事。

我们所能做的，只有从平时开始，尽可能努力磨炼自己的灵魂，让自己的心灵更加美好。虽然我们终究无法到达开悟的境界，但仍可以天天努力去接近开悟。这才是人生于世，上天赋予我们的人生目的。

在日常生活中，在每天的工作中，不断提高自己的心性，磨炼自己的灵魂。只要这样度过人生，那么，即使到达不了开悟的境界，也能够一点一点地向真我靠拢。

抱这种人生观的人，顺应了"宇宙的潮流"。随着向真我不断靠近，现实生活也会朝好的方向发展，人就能受到幸运的眷顾，度过幸福美好的人生。

第 5 章

培育美好心根

刚降生的灵魂未必美好

　　有一天早上，刚打算坐下来吃早饭，妻子对我说："家里护窗栅内的小鸟的雏鸟孵化出来了。"问了才知道，从几天前开始，就有雌鸟一边鸣叫，一边在护窗栅的空隙间进进出出。

　　我家的房子在京都，后面是一片树林，经常会有乌鸦、麻雀等各种鸟儿飞来。其中可能是小小的灰椋鸟吧，在护窗栅里造了窝，还孵化了小鸟。

　　妻子说，每当乌鸦想要靠近这个鸟巢时，老鸟就会从不知道哪里飞出来，大声鸣叫，威吓乌鸦。另外，妻子靠近护窗栅时，老鸟就会停止鸣叫，观察动静。

虽然说是本能，但老鸟守护刚刚降生的幼鸟的这种姿态，还是让人感觉到了这个孕育着小小生命的世界的奇妙。

在和妻子说到这件事时，我又想起了另一件事情。

那是我小学高年级的时候。在校舍的屋檐下，有鸽子做了一个窝，里面有两只羽毛还没长全的小鸽子经常鸣叫。当时我们还很淘气，悄悄地爬到屋檐下，抓住了小鸽子，当作稀奇的东西向班里的同学们炫耀。

我已经不记得小鸽子此后的结局了，恐怕它在我和同学的把玩中死去了吧。现在想起来，当时做了一件相当残忍的事情。

我们往往认为，孩子的心灵都是纯洁无瑕的，但事实似乎并非如此。孩子身上还真有残忍暴力的地方。当我把这个话说给妻子听时，妻子也点头说"是的"。

我的外孙还在上幼儿园，我观察他和他的小朋友们，也发现他们绝非只有纯真朴实的心灵。搞恶作剧或干了坏事，他们往往不承认，谎称不是自己干的。妻子说："小孩有时候真的很坏。"

每个人都是带着纯洁美好的心灵，降生到这世上的吗？还真不是这样。有的人刚出生时，灵魂似乎就已经浑浊不清。正因如此，我们要通过自己的人生，努力磨炼灵魂，不能懈怠。

是否适合当领导者，
由"心根"决定

当我还在经营的现场工作时，我选择下任领导者，判断他是否适合的基准，就是看他拥有怎样的心根。所以，我所提拔的对象，既不是头脑清晰的人物，也不是知识丰富的秀才，而是根据我的判断，具备了优良人性的人。

不管才华多么出众，只要表现出"只为自己"的、野心家式的人物，我是敬而远之的。我所推举的是多少有点愚钝，但既谦虚又勤奋的好人。

这多半是由与生俱来的素质决定的。首先，判断这个人的依据，就看他具备怎样的心根。

但另一方面，如前所述，有的人尽管原来具备高尚的人格，但在获得成功后，傲慢起来。难得磨炼好的人格，却不能维持，结果走向没落。这样的案例不胜枚举。

就是说，人格绝不是一成不变的东西，而是不断变化的。这一点，我们必须放在脑子里。

事实上，具备了优良的人性、获得了杰出成就的经营者，因为接受周围人的吹捧和奉承，真的相信杰出成就的取得全是靠自己的实力。

这样的人，在不知不觉中就会傲慢起来，甚至营私舞弊，导致企业无法顺利经营，玷污了晚节。这种事情时有耳闻。

因此，这个人将来会怎样，仅看他现在的性格，无法做出透彻的判断。更何况，对于下一任领导者、准备接任事业的重要人物，更不能仅看他当下的性格，就做出决定性判断。

那么，什么样的人物，才适合当领导者呢？

就是那些一贯勤奋埋头工作，不断提高自己心性的人。这样的人，即使手握权力，也不太会心生傲慢，不会堕落。就是说，在人生中，他们掌握了优秀的哲学。

我认为，所谓人格，可以用"性格＋哲学"这个算式来表达。所谓哲学，简单来说，就是思维方式。在一个人与生俱来的素质，即性格之上，再加上思维方式，就能明白这个人是以什么样的思维方式来度人生的。如果忽略这一点，就无法把人看透。

组织的好坏
取决于领导者的心

俗话说，螃蟹按照自己甲壳的大小打洞。组织的成长无法超越其领导者的器量。这是为什么呢？因为领导者的人生观、思维方式和心中抱有的思想理念，会原模原样地决定组织和集团的存在方式。

所以，如果问我什么才是领导者最重要的资质，我会毫不犹豫地回答，那就是"心"。换一种表达方式的话，或许也能用人格、人性来表达。

"提高心性，拓展经营。"面对经营者，我一贯地、不断地讲述这一条。身居领导岗位的人，必须持续努力，不懈地磨炼心性，提高人格。

不管率领的是大集团还是小集团，只要身处领导者的立场，就必须努力精进，让自己拥有一颗美好、高尚的心灵。这一点比什么都重要。

谈到领导者的资质，一般人会列举才能、知识以及经验和技能等。也就是说，头脑聪明、专业知识丰富、能言善辩的人适合当领导者。我想，这是世间一般的看法吧。

但是，比起能言善辩或聪明机智，我更看重的是，如同岩石般沉稳不动的厚重人格。我认为，这种厚重人格，才是领导者最需要的资质。

有一次出席在美国华盛顿举办的研讨会时，我听到了某人的讲演，为此深受感动。

美国总统被赋予了极其巨大的权力，例如，否决议会已经通过的议案的权力。理论上讲，议会的决定事项应该是最优先的，然而，美国总统却能将其否决。

为什么会将这么大的权力赋予总统呢？这个演讲者说，那是"因为美国第一任总统乔治·华盛顿是一位人格高尚的人"。

如果能成为华盛顿这种具备德行的君子，那么，即使赋予他巨大的权力，他也不会滥用，不会误国吧。据说正是出于这种考虑，才设立了这样的制度。

事实上，美国后来成了建国者们想要的国家。如果任命的总统不是像华盛顿这样人格高尚的人（或华盛顿本人不具有如此高尚的人格），美国的独立是无法那样顺利推进的。

在思考领导者必须具备的资质时，这段历史极具启示意义。

在棒球或足球等体育领域也是如此。即使选手在人格上多少有些缺陷，也只有吸纳，因为如果不多选用能力卓越的选手，团队就无法组建。

然而，如果让技艺超群却不具备优秀人格的人担任队长，这样的队伍就会缺乏统一性和整体性，一定无法成为强大的团队。

俗话说，近朱者赤，近墨者黑，就像把一滴墨水滴到水里一样，领导者很快就会让整个集团染上自己的色彩。从这个意义上说，思考事物时的思维方式、哲学或信条、人生态度，这都不是领导者一个人的东西，它们将决定整个集团的性质。

只有提高人格，
才能驱动人心

　　刚刚创建京瓷，开始走上企业经营之路时，我还很年轻。不论怎么看，也不能说当时的我已经具备了经营者应有的人格。对于这一点，当时我是很烦恼的。

　　要经营好企业，就必须经常向员工阐述自己的想法、愿景等，"我想把公司经营成这个样子""将来想建成这样一家公司"，必须努力寻求他们的理解。

　　但是，不管话说得多么好听，如果说话的人不具备优秀的人格，他说的话就进不了听者的心里。比起说什么，由谁来说更为重要。如果说话人的人格不被认同，那么无论他的话讲得多漂亮，也完全没有说服力。

京瓷当时录用了很多京都当地人。在历史、文化方面，京都具有成熟的地方风格，京都人从表面上来看，总体上是比较稳健的，但实际上，骨子里头有喜好论理，喜欢挖苦人的一面。

对别人给予的热情，可能是不好意思吧，或者是抱怀疑的态度，京都人往往不会从正面接受。所以，"我们是大家族主义，让我们像父子或兄弟一样相处吧"，当我这样督促大家的时候，他们却认为，"这不过是让人卖力干活的说辞罢了"。

为了让大家理解我提出的公司愿景，以及为了拥有做好工作所必需的思维方式，我经常会组织称之为"空巴"的酒会。在席上劝酒时，对方会说，"酒我喝了，但你叫我敞开胸襟我还做不到……"，等等，反应依然冷淡。

我的热情不能直达部下，我掌握不了他们

的心，这让我烦恼，也让我焦虑。

结论是问题在我身上。如果我自己不能成长为一个受人尊敬的人，那么，不管口头上如何强调"让我们共同努力吧"，这种热情也根本无法传递——当我想到这一点以后，我就开始为提升自己的人格而学习哲学，开始每天读书学习。

我刚踏入社会，在大学里只学过化学，说是个"专业书呆子"也不过分。大多数人作为最低限度的教养读过的那些书，我几乎都没读过。所以，结婚后，妻子常常会惊讶地说："你连这本书也没读过啊？"

因为我的起点很低，开始学习的时间又比别人晚了很多，所以不得不拼命努力。而且，因为只能在下班后的有限时间里读书，所以效果也往往难如人意。

尽管如此，我还是在枕边堆放了很多与哲学及宗教相关的书籍，不管多么忙碌，多么疲劳，在每天入睡前，我都会拿起书本，哪怕只读上一两页。这样读进度虽然缓慢，但我总是聚精会神。读到有感触的地方，就会用红笔画线，反复咀嚼。

就像乌龟爬行一样，一步一步为了磨炼心性，提升人格，持续接地气地、朴实地努力。

无论何时，都要修心

　　我经常用"人生·工作的结果 = 思维方式 × 热情 × 能力"这个方程式来说明人生。

　　我之所以会想出这个方程式，就是因为我是一个没有什么特长的乡下人，脑子也不聪明。我想，像我这么普通的人，怎么做才能取得杰出的工作成果呢？这才有了这个方程式。

　　热情要高，这当然是必须的。但是，如果存在一个能够大幅度改变人生的决定性要素的话，那就应该是思维方式。我意识到了这一点。

　　所以，在用"思维方式 × 热情 × 能力"所表达的人生和工作的方程式中，热情和能力的打分范围都是从 0 分到 100 分，但思维方式却是从负 100 分到正 100 分。三者相乘才是关键。不管热情和能力有多高，只要思维方式是负数，一切都是负数。

就是说，即使具备了卓越的才能，通过持续拼命的努力获得了惊人的业绩，但如果随着时间的流逝，思维方式坠落到负值的话，这个人人生的一切都会转向负面，走上没落的道路。

相反，即使上天赋予的能力不强，即使遭遇逆境，人生之路充满苦难，但只要思维方式是正向的，这个人就一定会时来运转，度过幸福美好的人生。

从结论来说，不管是成功、名望和赞誉等荣光也好，还是挫折、失败和苦难等逆境也罢，都是上天所赐予的考验。

正因如此，不管是一帆风顺之时，还是人生事与愿违之时，我们都必须不断自我反省，决不能忽略了对心灵的修持。

英国思想家詹姆斯·埃伦曾经说过下面这段话：

"人的心灵像庭院，既可理智地耕耘，也可放任它荒芜，不管是耕耘还是荒芜，庭院都不会空白。

"如果自己的庭院里没有播种美丽的花草，那么无数杂草的种子必将飞落，茂盛的杂草将占满你的庭院。

"出色的园艺师会翻耕庭院，除去杂草，播种美丽的花草，不断培育。同样，如果我们想要一个美好的人生，我们就要翻耕自己心灵的庭院，将不纯的思想一扫而光，然后栽上清澈的、正确的思想，并将它们培育下去。"(《原因与结果法则》)

在这里，他用简单易懂的比喻说明了我们人生中的种种现象，全部都是"心"的投影。

就是说，如果忽视对心灵花园的养护，其

中马上就会长出如同杂草一般不纯的、错误的、不正确的东西。

如果想让心灵的庭院中长满美丽的花草——也就是让人生充满幸福、满足与成功，就要在其中播撒美好的种子，例如真挚、诚实、正确、纯粹的思想，并将其培育下去。

这就是所谓的每天反省。要做到这一点，我们就始终不能忘却自省之心，以谦虚的心态检点自己每天的行为；也始终不能忘记克己之心，以克制不断滋生的傲慢。

我自己就是这样做的：如果出现了轻浮的举止或傲慢的态度，一个人在家里或是在宾馆的时候，我会对此进行激烈的反省。我会对着镜子里的自己斥责"你这个蠢货"，然后，另一个自己会不留情面地责骂，"你小子真是一个恬不知耻的家伙"。到了最后，我会说出反省的语言："神啊，对不起。"

如果别人看到我这个样子，可能会觉得我

不正常，但这已完全成了我的习惯。反省自己，不断修正，让自己始终保持正确的方向，这样做，就能在不知不觉中磨炼灵魂，提升心性。

当然，我们无法用肉眼观察自己的心变得多纯净。但是，在这样持续反省的过程中，人格就会发生转变。

如果一个人被人认为"年轻时很是胡作非为，但现在真的变成一个好人了"，那么，这就可以说是他的心性得到磨炼的结果。

芥川龙之介留下了这样的话：

"命运在于性格。"

此外，文艺评论家小林秀雄也曾说过："人只会遇见和自己性格相符的事情。"只要人格发生变化，内心所抱的愿望就会变化。这样的话，由这种愿望所产生的现实，自然也会发生变化。

倡导"心态开拓人生"的哲学家

　　心灵才是塑造人生的最重要的因素，告诉我这个道理的"老师"之一，就是中村天风先生。

　　虽然说是老师，但实际上我并没有亲眼见过他，主要是阅读和理解他的著作。此外，我还通过他生前亲密交往的人了解他。因为心里仰慕他，才学习他的思想，以此作为自己的精神食粮。

　　前面讲过，中村天风这个人，是前往印度练瑜伽并达至最高境界的哲学家，是将瑜伽思想和实践方法在日本传播的第一人。

　　他出生时，父亲供职于当时的大藏省。中

村天风天生就是暴脾气，性格粗野，不受管束。父亲管不住他，只好把他托付给当时某一颇有势力的国家主义者。

那人蛊惑他参军。于是天风 16 岁时就应召成为陆军的军事间谍，前往日俄正在激烈交战的地方。

据说当时总计 113 人的军事间谍中，最后活着回来的只有 9 人，这是一份极其残酷的工作。

但天风当时是一个胆大包天的人，根本没有任何恐惧感，也没有考虑这件事情到底该不该做。

就是这么强悍的一个青年人，却在 30 岁之前患上了肺结核，变得虚弱不堪。前面说过，我自己也曾在孩提时代患上肺结核，这在当时是不治之症。

为了治愈结核病，他前往美国，在医学系学习，但病没能治好。于是又去了欧洲，拜访著名的心理学家和哲学家，结果也没有得到内心认同的答案。

失意之中，他踏上归途。在中转地埃及开罗的酒店里，也许是命中注定吧，他遇到了印度圣人卡里阿帕。犹如抓住了救命稻草一般，天风跟随卡里阿帕前往印度，开始修行。在那里，开悟后的天风，结核病得以痊愈，随后他回到了日本。回国后，天风做过银行行长，还开展了各种各样的事业，都获得了成功。但在某一时刻，他有了新的想法，抛下所有职务和地位，开始在街头向路人说法。

人生可以无限开拓，关键取决于秉持怎样的一颗心。这就是天风的教诲。天风说，宇宙保障任何人都可以开拓美好的人生。所以，不管现在身处何种境遇，都要保持乐观向上的心态，决不消沉，不说消极的话，相信光明的未来一定来到。

"我原来是一个无法无天的暴力青年，现

在却在大家面前如此这般讲人生。不管有着怎样的过去，只要心变了，任何人都能开拓幸福美好的人生。"

天风的说法打动了人的心，不久，许多人聚集起来听他讲法。为了传播他的教义，还成立了"天风会"这个组织。他的教诲影响了越来越多的人。

心之力带来种种
不可思议的现象

　　经历了如此波澜万丈人生的中村天风，有着各种各样不可思议的故事。[1]

　　有一次，某大企业因煤矿劳资纠纷发生激烈争执，天风主动出面调停。煤矿工人手持猎枪守着据点，对敢于靠近的人摆出开枪的姿态。因有危险，警察阻止天风前往，但他却朝着工人据守的阵地，走上吊桥。

　　吊桥下面的工人用猎枪向他射击，但天风

---

[1] 以下关于中村天风富有魔幻色彩的传说均载于日本的一些书籍。——编者注

却若无其事，从容地走在吊桥上。走过吊桥后，天风的外套和裤子上都留下了弹孔，但他本人却毫发无损。

据说还有过这样的事情。

那是意大利某知名驯兽师到访日本时的事情。这个驯兽师一看到天风的面容就说："这个人即使进入猛兽的笼子也不会有事。"

接着，他们来到一个笼子前，笼子里是三头未经驯化的老虎。有人对天风说："你进笼子里试一下。"天风走进笼子，据说三头老虎围着站立的天风顺从地趴了下来。

天风是到达了所谓开悟境界的人，在这样的人身边，会发生一般不可能发生的事情。这类故事很多很多。

虽然还称不上是"奇迹"，我自己经常会让周围人感到惊讶的事情之一，就是天气。我因工作去到日本各地或外国时，大致上都喜逢晴天。

因工作之需去到海外时，在我到达之前那一刻还是风雨交加，但当我到达后，却转而成晴空，连一丝云彩也没有。我逗留的几天都是阳光灿烂的好天气，但等我到了机场坐上飞机，飞机刚一升空，马上暗云笼罩，很快就下起大雪。这样的情景，曾多次发生。

我身边的人因为经常遇到这样的事情，所以已经完全习惯了，认为这是理所当然的。他们经常称我为"背着太阳行走"的人。

但是，这个"魔法"似乎仅在工作时才应验，像旅游或高尔夫旅行等私人外出的时候，就完全无效。

此外，还有类似的事情。我所乘坐的汽车，不管道路多么拥堵，总能不可思议地避开堵车，顺利到达目的地。这样的事情发生过很多次。

例如，有一次发生了这样的事情。

在京都的家里做完法事后，就要坐出租车

赶往大阪的伊丹机场，乘坐飞往东京的班机。结果，去机场的高速公路由于发生了交通事故造成大堵车，我只好临时改乘新干线到新大阪，再从那里坐出租车赶去机场。

到了新大阪车站，离飞机起飞只有 40 分钟了。我急忙坐进出租车，但由于高速公路堵车，所以普通道路也堵了起来。司机师傅告诉我说："40 分钟可能到不了，因为平常就需要 30 分钟，我觉得，今天这样的大堵车，很难按时到达。"

于是，我对他说了一句平时不说的话：

"先不要那么说，请开车吧。当我乘车时，道路就会通畅起来。"司机师傅吃了一惊，盯着我的脸，认真看了一会儿，说："是吧，您这样的人坐在车里，说不定真能顺利到达呢。"说着，他踩下了油门。

不久，接近了预想的严重拥堵路段，于是改走小路。司机说"真是不可思议啊"。他说这条小路平时一直很堵，让人头疼，今天车辆这么少，不可思议。

　　结果，出乎他的预想，提前 20 分钟就赶到了机场，我从容地登上了飞机。司机大为吃惊，"哎，真的被您说准了啊"。我乘坐的车子，碰上这样的事就如同家常便饭。可以半开玩笑地说，这和人生是一样的。同样是坐车去机场，有的人就会陷入拥堵，或被信号灯拦下，结果赶不上预定的时间。

　　就是说，既有诸事顺利度过人生的人，也有凡事都不如意的人。只要想一想我们周围人的境况，我想大家一定会有同样的感觉吧。

接近真我，真实如实呈现

　　凭自己的意愿，怎么也奈何不了的所谓的"他力"，深刻地影响着我们的人生。然而，这种影响同样也是由"心"所造的业。

　　在灵魂的核心处，存在着人的心灵中最为纯粹、崇高和美好的真我。那是令人惊叹的"真善美"的世界，充满了爱与和谐。真我这种存在，与使万物之所以成为万物的那个"唯一的存在"完全一致，是同一种存在。这与我前面所述的内容相同。

　　因为所谓真我，就是森罗万象一切事物最本源的"宇宙之心"本身，所以，在那里描绘的东西，很快就会在现实世界中，以具体的形象显现出来。就是说，任何事情都能够实现。

达至开悟境界的圣人，可以随心所欲地驱动现实，这是因为他们已经从束缚心灵的所有羁绊中解脱，用真我活在了这个世界上。

就是说，所谓幸与不幸，那些让我们在凡尘俗世中沉浮起落的事情，都是幻影。

只要明白了这一点，就能从中解脱。一旦从这些虚像的锁链中获得解放，那么这世上发生的一切事象，都会在眼前清晰地呈现，都能被看明白，这时就能理解宇宙的真理。佛陀通过坐禅达至开悟的意义就在于此。

那么，为什么宇宙的真理只有一个，但我们各自的人生却是波澜起伏的，充满了苦难和困难，而且用普通的方法处理不了呢？这是因为我们的心灵浑浊，杂念纷飞，看不到真相的本来面目。

"愤怒""欲望""抱怨"——佛教把这三者称为"三毒"，说这三毒就是污染和迷惑我们心灵的元凶。

当直面不如人意的现实时，我们往往会发怒，当想要称心如意时，欲望就会滋长。同时，我们经常会不满现状，发牢骚，鸣不平。

所谓现实，就是"唯一真实"的投影。但是，遭三毒污染了的心灵所呈现的现实，自然就是与三毒相应的、污浊的现实。没有别的原因，一切不幸都是由自己的心灵吸引而来的，是无休止地倾诉自己的不幸、牢骚不断的那颗心，唤来了不幸。

达至开悟的人，就能从这个三毒的束缚中解放，就能看见事物真实的状态。通过纯净的心灵纺出来的现实，有时会创造出奇迹般的、伟大的成功案例。

但是，我多次讲过，我们凡人要达到开悟的境界，是不可能的。我们所能做的，只有磨炼自己的心灵，哪怕是一小步，也要向开悟的状态靠近。这种持续的努力，可以说就是人生本身。

要做到这一点，可以采用一个方法，就是在一天当中，腾出一段时间，哪怕很短的一段时间，让自己的心静下来，保持平稳的状态。

在现代社会当中，当海量的信息不断涌入时，当紧张的工作不断追逼时，头脑中波涛起伏，思绪万千，无法保持心灵的安宁。在这种情况下，将躁动的心灵之波一时镇住，制造一种机会，进入心如止水的状态。

冥想也行，坐禅也行，每天用很短的时间就行，让自己的心平静下来。每天获得这片刻的平静，就能够一点一点地接近真我的状态。这么做，就能帮助我们在人生的各个方面收获丰硕的成果。

邂逅"命运之师"，人生巨变

　　为了度过美好的人生，努力磨炼和提高心性这种"自助"努力当然是必要的。但另一方面，与明师相遇也不可或缺，这样的人能引导我们的人生走向更好的方向。所谓人生，也可以说是相遇的积聚。好的相遇能帮助我们磨炼和提高心性。

　　那么，要遇到这种可以被称为"命运之师"的人，该怎么做才好呢？这完全取决于自己具备的"心根"。就是说，即使与能帮助自己开拓人生的老师相遇，但如果缺乏接受对方建言与支援的诚心，缺乏积极的、纯粹的愿望，就结不了善缘。

回顾过去，我自己也是靠了与各种各样的人命运般的相遇，才得以度过非常幸福的人生。

说到命运般的相遇，我首先想到的，就是为我打开中学升学之路的老师。

我小学毕业时还是战争时期。毕业前，我报考了一所旧制名门中学。因为平时学习不用功，自然没能考上。

当时，没有考上初中的孩子，一般都会上两年国民学校的高等科，之后参加工作。我也因循前例，进入了国民学校。前面已经讲过，当时因身体不适去看了医生，被诊断为肺结核的初期症状肺浸润。

不久，战火蔓延，我所居住的鹿儿岛地区也多次遭到空袭。在那种艰难的状况下，有一天，国民学校的班主任老师来到我家，向我父母提出要求，"无论如何都要让和夫上中学"，他甚至为我递交了升学志愿表。

　　考试当天，这位老师扎着防空头巾，手拉手地把发着低烧的我带到了考场。但是，由于身体很糟糕，这次考试还是没能合格。

　　这时候，父母和我都死心了，已经决定"放弃了，不去考初中了"。但老师再次来到我家，说："还有一所私立学校可以报考，无论如何都要让和夫上中学。"而且，老师还说，志愿书都已经帮我提交了。

　　被老师这份热情所鼓舞，我参加了私立中学的考试，这次总算考上了。如果没有老师的再三劝导，我只能带着高等小学毕业的低学历，踏入社会了。

　　在高中时与班主任老师的邂逅，也对我的人生产生了很大的影响。

　　战败后，以前的学制改变了。升入初中的学生三年后可以毕业，想继续学习的人可以免试升入新制高中。

　　上到高三，在毕业前夕，我就想找工作就

职了。但当时的班主任老师说，"稻盛君应该上大学"，他还两次来到我家。

因为家中贫困，父母不赞成我这个老二去上大学。但老师说："稻盛君的成绩非常好，高中毕业就找工作，太可惜了。""学费开支可以靠奖学金，再打一点零工，应该就行了。"老师满腔热情，说服了我的父母。

我又一次被这位老师的热情所推动，进了大学。

亲如父母的人生导师的一句话

　　进入大学后，我彻底改变了以往的态度，一心埋头于学习，可以说到达了"学霸"的程度。但是，大学毕业时，正好碰上了朝鲜战争刚刚结束后的不景气时代。

　　毕业于地方大学的我，进不了自己想进的公司。这时候，大学的指导教授通过找关系，为我介绍了一家位于京都的制造绝缘瓷瓶的公司。靠他的帮助，我总算找到了工作。

　　由于在大学里只学了有机化学，为了入职必须学习无机化学。于是，在此后的半年时间里，我努力研究黏土矿物，并将研究成果写进了毕业论文。

　　这篇毕业论文引起了一位当时刚刚上任的老师的注意。这位老师毕业于东京帝国大学[1]，"二战"前曾指导过轻金属的制造工作，也是一位优秀的研究人员。

　　"你这篇论文，比起东京大学的学生，毫不逊色！"老师对我大加赞赏，他还请我喝咖啡，鼓励我说，"你一定能够成为优秀的工程师。"

　　在我参加工作以后，这位老师每次从鹿儿岛到东京出差时，都会联系我，"我乘坐的是几点几分在京都站停车的特快列车"。趁着列车停车的短暂间隙，他在车门处和我交流，倾听我工作的烦恼，给我有益的建议。

　　前面讲过，因为与上司意见不合，我离开

---

[1] 建立于1886年，是东京第一所帝国大学。二战后，日本所有帝国大学的名称中都废除了"帝国"二字，东京帝国大学正式定名为"东京大学"，简称"东大"。——编者注

了当时就职的企业。当时我纠结的是，自己是否应该作为工程师前往巴基斯坦。

我前些年关照过一位巴基斯坦的实习生，他的父亲在巴基斯坦经营一家大公司。对方多次邀请我："请一定来这里，指导我们的工厂。"

之前，每次我都拒绝。但从公司离职以后，我总算打定主意，准备前往巴基斯坦，并得到了对方的允诺。然后，就像往常一样，趁着在京都站和老师见面的机会，征询他的意见。结果，老师当即说道：

"绝对不能去巴基斯坦。多年来辛苦钻研，好不容易积累起这么好的技术，如果一点一点地'卖'给巴基斯坦，在这期间，日本的技术会迅速提升。到了那时，你的技术在日本就不堪一用了。"

老师明确反对，我因此放弃了前往巴基斯坦的想法。如果当时去了巴基斯坦，此后再回到日本时，作为工程师，我恐怕就完全落后于时代了。

　　搭起桥梁、帮我进入中学的老师，劝我考大学的老师，帮我找工作的老师，给我宝贵的忠告、让我这个工程师没再走错路的老师……每一位老师都没有任何自己的算计，而是像亲生父母一样，担心我的前途，向我伸出援助之手。真的，他们全都是我人生中的恩人。

　　年轻时的我，既没有值得夸耀的才能，也没有什么特殊的技能。但是，不管什么事情我都正面面对，极度认真。如有应该做的事，我都会一心一意，全力以赴。我遇到的这些老师，可能是看到了我这种姿态，才给出了发自内心的意见和建议。

　　在每一个十字路口邂逅的老师，都给了我正确的引导，让我的人生发生了巨大的变化。

支撑我人生的妻子

接下来，我最应该感谢的，恐怕应该是陪伴我一路走来的妻子了。

与妻子相遇，是在创办京瓷之前。那时，我在京都的绝缘瓷瓶公司夜以继日地工作，全力开发新产品。

当时，我一心埋头于研究，连吃住都在公司。吃饭就是用工厂角落里的炭炉随便煮点什么，过着不规律、不健康的生活。

有一天，我来到公司时，看到自己的办公桌上有一盒盒饭。我想可能是谁忘在这里的吧。但转念一想，又觉得没有人会把自己的盒饭忘在我的桌上。虽然不知道是谁要慰劳我，不过我还是心怀感谢，把盒饭吃完了。结果，第二天、第三天，桌子上的盒饭又出现了。

实际上，这是我当时的同事、后来的妻子放的。事后问她，她说是因为"你的生活状态太糟糕了，怪可怜的"，这才送的。但那盒饭味道好极了，对我来说实在是太难得了。

前面讲过，我当时正在利用自己开发的陶瓷材料，研发用于电视机显像管的绝缘零件。研发成功后，从大型家电厂家那里拿到了大量订单，批量生产也很顺利。

然而，在业绩恶化的公司，工会摆出了准备罢工的阵势。一旦罢工，生产就会停止，好不容易获得的订单无法生产，就会失去客户对我们的信任。

我下定决心不参加罢工，而是和部下一起坚守在车间，继续生产。继续生产虽然没问题，但工厂大门却被罢工者封锁了。如何将做

如果没有妻子的存在，我就无法如此高度地专注于工作，公司也很难搞得很出色吧。我对妻子真的是感激不尽。

有家人的存在，
才有今天的成功

从事经营这项工作以来，埋头工作是我的常态，对家里的事，可以说根本无暇顾及。

看看其他的家庭，都将家人团聚当作大事。参加孩子的课程观摩、运动会等学校的活动，这样的父亲很多。但这样的活动我一次都没有参加过。其他家庭，暑假也和孩子一起过。但这样的事情，我几乎都做不到。

三个女儿对于我这样的父亲，也许会心怀不满吧。但我忙得连这点都没有觉察到，心思全在工作上。

女儿们长大成人后，有一次曾跟我这样说：

"爸爸只有偶尔才能与我们同桌吃晚饭，因为机会珍贵，我们就会使劲跟爸爸讲学校的事情，但爸爸总是心不在焉，一定是因为脑子里全都装着工作，所以我们就什么都不再说了。"

我自以为在一起吃饭时，我是很努力地倾听孩子们的讲话的，所以她们这么说，让我很意外，但事实一定像她们说的那样吧。

确实，我有时候忙起来不分昼夜，将自己全身心投入进去了，工作比谁都更拼命。这样，就会让家人感到非常寂寞。

但是，连牺牲和家人一起的愉快时光都做不到的话，经营就不可能搞好，这也是事实。

前面提到过的詹姆斯·埃伦曾这样说道：

"那些无法成功的人们，都是完全不愿牺牲自己欲望的人。如果内心祈愿成功，就必须付出与之相应的自我牺牲。想要获得大的成功，就要付出大的自我牺牲；想要获得无上的

成功，就必须付出无上的自我牺牲。"(《原因与结果法则》)

反过来讲，我能够如此牺牲家庭，可以说是因为家人允许我这么做，是家人温情地守护了我。拥有这样的家人，我感到喜悦，感到自豪，我不能不对她们表示深深的谢意。

一切始于心，终于心

回顾过去，在超过半个世纪的漫长岁月里，我将自己奉献给了企业经营这项工作。这条道路绝不是轻松的、安全的道路。现在回想起来，就如同持续行走在两边都是悬崖的、极其危险的山脊之上。

但不可思议的是，在前进的过程中，我却从未感到过不安。我有一种安全感，感觉有某种伟大的力量在守护我。正因为有了这种安全感，我才能心怀信赖和确信，一路走到了今天。

或者说，我连感觉恐惧和踌躇的余地都没有。这个说法或许更准确。浓雾笼罩、伸手不见五指，在这样的道路上拼命向前，只考虑如何踏出眼前这一步。我就是这么一路走来的。

某个时候，浓雾突然散去，回望来路，这才意识到，自己走在那悬崖峭壁之上，不由得脊背发凉——如果做比喻的话，就是这样一种心情。

在自己的半生中，我始终走在这样的道路上，尽管如此，我还是抱着一种安静的、平稳的心走到了今天，这是因为我有一种信念。

只要怀抱纯粹而美好的心灵去面对现实中的问题，就没有任何过不去的坎。只要时时磨炼心性，不断自我提升，那么不管遭遇怎样的苦难，命运之神一定会回报温暖的微笑。这种类似信仰心的某种信念始终扎根于我的心中，它像可贵的护身符一样，帮助我，守护我的人生。我不由得这么去想。

就像我在本书中再三阐述的那样，一切成功都归结于利他之心。

事实上，这就是明白无误的、俨然存在的宇宙法则。

无论什么人，能够拥有的都只是当下的这一个瞬间。以怎样的心态活在当下，将决定我们的人生。

既有幸运的光临，也有逆境的考验，这就是人生。这一切都是大自然赋予我们的。

所以，我希望，不管现在身处何种艰苦的境遇，大家都要不骄不馁，一心一意，努力前进。

这么想来，可以说，人生其实是非常单纯的东西。以利他之心为基础，在每天的生活中，尽可能地不断努力。只要这么做，命运就一定会好转，幸福的人生就一定会到来。

同时，无论在什么时候，都要让自己的心灵保持美好和纯粹的状态，这才是最重要的。

这就是让自己的潜能充分绽放的秘诀，这就是打开幸福人生之门的钥匙。

版 权 声 明

作者简介

稻盛和夫

1932 年出生于鹿儿岛市。1955 年鹿儿岛大学工学部毕业。

1959 年 4 月成立京都陶瓷株式会社（现京瓷），历任社长、会长。自 1997 年起担任名誉会长。

1984 年成立了第二电电企划株式会社并担任会长。2001 年 6 月起成为最高顾问。2010 年 2 月就任日本航空（JAL，现日本航空株式会社）会长，2013 年 4 月担任名誉会长，2015 年 4 月开始担任名誉顾问。

1984 年个人出资设立稻盛财团，担任理事长（现在是创立者）。同时创设国际奖项"京都奖"，于每年 11 月对那些为人类社会的发展进步做出突出贡献的人士进行表彰。同年创立盛和塾，帮助中小企业家提高心性，拓展经营。著有《活法》《京瓷哲学》《干法》《心法》等多部著作。

稻盛和夫官方网站

http://www.kyocera.com.cn/inamori

稻盛和夫《心》官方微信公众号：稻盛心学

扫码进入共读群　　　扫码享受增值服务　　　扫码关注"智元商业课堂"

译者简介

曹寓刚

毕业于日本横滨国立大学，曾供职于日本最大咨询公司野村综合研究所。北京稻盛知识工程技术研究院发起人，北京盛和利他策划咨询有限公司总经理。长期致力于稻盛哲学和阿米巴经营的实践与传播，翻译稻盛和夫《思维方式》《赌在技术开发上》《稻盛和夫阿米巴经营实践》等重要著作。希望借助稻盛哲学的力量，推动新的商业文明发展，通过利他商业的力量，帮助更多的人收获幸福。

曹岫云

江苏无锡人。企业经营者。现任稻盛和夫（北京）管理顾问有限公司董事长。著作《稻盛和夫的成功方程式》，以中日两种文字出版发行。

另著有《稻盛和夫记》《稻盛哲学与阳明心学》两书。

翻译稻盛和夫《活法》《干法》等20部著作。翻译最近十年来稻盛来华讲演的所有文稿。

稻盛和夫经营哲学系列

《心：稻盛和夫的一生嘱托》（3 种）

[日] 稻盛和夫 著　曹寓刚　曹岫云 译

版本：平装版（单色）、精装版（双色）、口袋版（双色）

定价：59.00 元 /79.00 元 /59.00 元

- "日本经营之圣"稻盛和夫的收官之作。
- 稻盛和夫先生将其传奇人生封装在这本书中，将最重要的人生成功和幸福的秘诀传于世人，一切始于心，终于心。

《斗魂：稻盛和夫的成功热情》

[日] 稻盛和夫 著　曹岫云 译　曹寓刚 校

ISBN：978-7-115-56121-3　定价：59.00 元

- 稻盛和夫成功改造 AVX 的强大思想武器、稻盛哲学的体系框架、利他哲学的源头活水。
- 松下幸之助称："年轻人至少应该花时间从头到尾读上一遍"。

《百术不如一诚》

曹岫云 著

ISBN：978-7-115-61854-2　定价：59.00 元

- 稻盛和夫（北京）管理顾问有限公司董事长、浙江稻盛商道研究院院长曹岫云最新力作。
- 全景式展现稻盛和夫的人生足迹，详细叙述稻盛哲学之精髓，系统阐释稻盛思想理念，一本书读懂稻盛和夫。

《学法：稻盛和夫经营学入门指南》

赵君豪 著

ISBN：978-7-115-59887-5 定价：59.00 元

- 稻盛和夫经营学的系统总结，企业经营者学习的实用指南。探寻稻盛和夫人生哲学、经营哲学和经营实学之精要，解读稻盛和夫经营学之真髓。盛和塾官方学习教材。
- 稻盛和夫（北京）管理顾问有限公司董事长曹岫云作序推荐。

《六项精进》

[日] 稻盛和夫 著　曹岫云 译

ISBN：978-7-115-57638-5 定价：69.00 元 （平装版）
ISBN：978-7-115-60855-0 定价：59.00 元 （口袋版）

- 稻盛和夫经营学核心读本，稻盛和夫在经营实践和生活实践中的切身总结。
- 严格修订稻盛和夫的重要演讲内容，新增实践案例，附有稻盛和夫、曹岫云的精彩点评。
- 被世界 500 强企业奉为圭臬的经营哲学书，值得所有人阅读的人生智慧宝库。

《经营十二条》（口袋版）

[日] 稻盛和夫 著　曹岫云 译
ISBN: 978-7-115-60857-4　定价: 59.00 元

- 稻盛和夫经营学核心读本，揭示稻盛和夫经营企业的原理原则、代表性经营手法。
- 十二条原则搭配全新的企业实践案例，对企业经营者具有很强的参考价值。

《经营为什么需要哲学》（平装版）

[日] 稻盛和夫 著　曹岫云 译
ISBN: 978-7-115-57639-2　定价: 69.00 元

- 稻盛和夫经营学核心读本，阐述经营智慧及生活方式、人生态度的智慧。
- 讲述稻盛经营哲学的精髓，畅谈企业长青的秘诀，提出经营需要正确的哲学。
- 附有践行稻盛经营哲学的案例和稻盛和夫、曹岫云的精彩点评，方便实践稻盛哲学时参考应用。

策划编辑：缪永合　许文瑛

产品经理：张渝涓

文字编辑：王铎霖

营销编辑：李滢泽　王秀丽

营销顾问：剽悍一只猫

咨询电话：010-6763 0125

投稿邮箱：editor@zhiyuanbooks.com

公司网站：www.zhiyuanbooks.com

装帧设计：朱赢椿　小　羊

ISBN 978-7-115-54946-4

9 787115 549464 >

定价：59.00 元